While every precaution has been taken in the preparation of this book, the publisher assumes no responsibility for errors or omissions, or for damages resulting from the use of the information contained herein.

ÈTICA I ESTÈTICA DE L'INSTANT EN L'ERA DIGITAL

First edition. October 14, 2024.

ISBN: 979-8227293329

Written by Sergi Castillo Lapeira.

Índex

Per a l'Erin i per a en Liam

Per a l'Erin i per a en Liam

ÈTICA I ESTÈTICA DE L'INSTANT EN L'ERA DIGITAL

Sergi Castillo Lapeira

0. INTRODUCCIÓ

EN EL FLUX CONSTANT del temps, hi ha un moment que sempre és amb nosaltres, però que sovint ens resulta elusiu: el present. Aquest instant fugaç, aquest "ara" que sempre està aquí però que mai podem retenir, és el focus d'aquest assaig sobre l'ètica i l'estètica del present.

La nostra experiència del món està inevitablement ancorada en el moment present, però la naturalesa d'aquest "ara" és profundament paradoxal. Com podem concebre un instant que és alhora etern i efímer? Com podem prendre decisions ètiques o fer judicis estètics en un moment que sembla desaparèixer tan aviat com intentem capturar-lo?

Aquest llibre es proposa explorar aquestes qüestions des de múltiples perspectives, guiat per les següents hipòtesis de treball:

1. La percepció del present com a instant aïllat és una habilitat que es pot desenvolupar i que té implicacions significatives en els nostres judicis ètics i estètics.
2. L'experiència del present pur està condicionada per factors culturals i tecnològics que influeixen en la nostra capacitat de percebre i valorar l'instant.
3. La capacitat de percebre l'instant com a etern, mentre es reconeix el flux temporal, pot conduir a una ètica més reflexiva i una apreciació estètica més profunda de la realitat.

Aquestes tres hipòtesis generals tenen sentit en el marc dels següents quatre objectius principals que ens proposem aconseguir:

1. Analitzar la relació entre la percepció del present i la formació de judicis ètics i estètics immediats.
2. Explorar com les pràctiques contemplatives i artístiques poden modificar la nostra experiència del present i, per tant, les nostres decisions ètiques i apreciacions estètiques.
3. Examinar l'impacte de la cultura digital en la nostra capacitat de percebre i valorar el present aïllat.
4. Analitzar les diferents concepcions ontològiques de l'instant i avaluar com aquestes afecten la nostra comprensió i experiència de l'ètica i l'estètica del present.

En acabar aquest treball, volem demostrar, en la mesura que les nostres limiracions ens permetin, les tesis següents:

1. El desenvolupament de la capacitat de percebre el present com a instant aïllat pot conduir a judicis ètics més conscients i a una apreciació estètica més profunda de la realitat immediata.
2. L'ètica i l'estètica del present estan intrínsecament lligades i s'influencien mútuament en la nostra experiència immediata del món.
3. La cultura contemporània, especialment en l'era digital, presenta reptes que posen en qüestió la possibilitat d'assolir la percepció d'un "present pur", però també ofereix noves oportunitats per a l'experiència ètica i estètica de l'instant.
4. Tot i que l'instant pot ser qüestionat ontològicament davant el flux temporal imparable, la seva realitat fenomenològica és innegable i fonamental per a la nostra experiència ètica i estètica del món.

Començarem per examinar com percebem el present, qüestionant si aquesta percepció és innata o apresa. Ens endinsarem en l'ontologia de l'instant, desafiant la seva existència davant l'allau imparable del flux temporal. I explorarem la paradoxa de l'instant etern, buscant estratègies per mantenir la consciència del present en un món de canvi continu.

A mesura que avancem, esbrinarem com aquesta comprensió del present influeix en les nostres decisions ètiques i en les nostres apreciacions estètiques. Com afecta la immediatesa del moment a la nostra capacitat de fer judicis morals? Com influeix en la nostra percepció de la bellesa? I com interactuen aquests aspectes ètics i estètics en la nostra experiència del present?

En una era dominada per la immediatesa digital i la constant acceleració, aquestes qüestions adquireixen una rellevància especial. La nostra capacitat per percebre i valorar el present pot tenir profundes implicacions per a la nostra ètica personal i col·lectiva, així com per a l'apreciació estètica del món que ens envolta.

Aquest treball no pretén ni pot oferir respostes definitives, sinó més aviat obrir un espai de reflexió sobre com experimentem, valorem i actuem en aquest etern "ara". A través d'una exploració interdisciplinària que abasta la filosofia, l'antropologia, la física, les matemàtiques i l'art, buscarem aprofundir en la nostra comprensió de l'ètica i l'estètica del present, amb l'esperança d'enriquir l'experiència d'aquest "instant" que sempre és amb nosaltres.

1. LA PERCEPCIÓ DEL PRESENT: UNA PERSPECTIVA ANTROPOLÒGICA

LA PERCEPCIÓ DEL PRESENT, tot i ser una experiència aparentment universal i immediata, és en realitat un fenomen complex i profundament influenciat per factors culturals, socials i històrics. L'antropologia, amb la seva mirada holística i comparativa, ens ofereix una perspectiva única per entendre com els éssers humans, en diferents societats i èpoques, experimenten i conceptualitzen "l'ara".

Des d'una perspectiva antropològica, la percepció del present no és una simple funció biològica, sinó una construcció cultural que varia significativament entre societats. Aquesta variació es manifesta en les pràctiques quotidianes, els rituals, les estructures socials, els sistemes de creences i els patrons lingüístics de diferents cultures.

Per exemple, mentre que en moltes societats occidentals modernes el present es concep com un punt fugaç entre el passat i el futur, altres cultures tenen concepcions més expansives o cícliques del temps. Algunes societats indígenes, per exemple, poden percebre el present com un espai temporal més ampli que inclou elements del passat recent i del futur immediat.

L'antropologia també ens mostra com la percepció del present està íntimament lligada a les formes de vida i els mitjans de subsistència d'una societat. En comunitats agrícoles tradicionals, per exemple, la percepció del present pot estar molt més vinculada als cicles naturals i estacionals que en societats urbanes industrialitzades, on el temps es mesura de manera més abstracta i fragmentada.

A més, l'estudi antropològic revela com les estructures de poder i les jerarquies socials influeixen en qui té el "dret" de definir i controlar el present. En moltes societats, el control sobre la definició i l'ús del temps present és una forma important de poder social i polític.

L'antropologia lingüística, per la seva banda, ha demostrat com les diferents llengües codifiquen i expressen el temps i el present de maneres diverses, influint així en com els parlants perceben i experimenten "l'ara". Algunes llengües, per exemple, no tenen temps verbals en el sentit occidental, suggerint una experiència del temps i del present radicalment diferent.

En l'era de la globalització i la digitalització, l'antropologia s'enfronta a nous reptes i oportunitats en l'estudi de la percepció del present. La interconnexió global i les tecnologies digitals estan creant noves formes d'experimentar "l'ara", incloent-hi experiències de simultaneïtat i immediatesa que transcendeixen les fronteres geogràfiques tradicionals.

Entendre la percepció del present des d'una perspectiva antropològica té implicacions profundes per a l'ètica i l'estètica. Les decisions ètiques i les apreciacions estètiques estan profundament arrelades en com experimentem el moment present. Una cultura que valora un present expansiu i contemplatiu pot tenir una aproximació molt diferent a qüestions ètiques i estètiques en comparació amb una que experimenta el present com a fugaç i fragmentat.

En els subcapítols següents, explorarem en detall diversos aspectes de la percepció del present des d'una perspectiva antropològica. Examinarem com s'aprèn aquesta percepció, com es relaciona amb la interpretació subjectiva de la realitat, i quines són les possibilitats i limitacions de concebre el present com un instant aïllat. Aquesta exploració no només ens ajudarà a entendre millor la diversitat de l'experiència humana, sinó que també ens proporcionarà noves perspectives per reflexionar sobre la nostra pròpia percepció del present i les seves implicacions ètiques i estètiques.

1.1. L'aprenentatge de la percepció

LA PERCEPCIÓ, TOT I semblar una capacitat innata i immediata, és en gran mesura un procés après i modelat per l'experiència. Això és especialment cert quan parlem de la percepció del temps i, més concretament, del present.

Des del naixement, els humans comencen a desenvolupar la capacitat per percebre i interpretar el món que els envolta. Aquest procés d'aprenentatge perceptual no es limita només a la vista, l'oïda o el tacte, sinó que també inclou la nostra percepció del temps i del present.

Els estudis en psicologia del desenvolupament han demostrat que els infants no neixen amb una percepció del temps completament formada. En els primers mesos de vida, els nadons viuen en un present continu, sense una clara distinció entre passat, present i futur. És a través de l'experiència i la interacció amb el seu entorn que comencen a desenvolupar un sentit del temps i, per extensió, del present.[1]

El procés d'aprenentatge de la percepció del present està íntimament lligat al desenvolupament cognitiu i a l'adquisició del llenguatge. A mesura que els infants aprenen a parlar i a utilitzar temps verbals, comencen a conceptualitzar el temps de manera més sofisticada. L'ús de paraules com "ara", "abans" i "després" marca un punt d'inflexió en la seva comprensió del present com a moment diferent del passat i del futur.

La cultura juga un paper crucial en aquest procés d'aprenentatge. Les pràctiques de criança, els rituals socials i les activitats quotidianes d'una societat modelen la manera com els infants aprenen a percebre i valorar el present. Per exemple, en la cultura japonesa, el concepte de "ma" (◇) ensenya als nens a valorar els intervals o pauses entre esdeveniments com a parts significatives del present. Això pot influir en com perceben el silenci en una conversa o l'espai buit en una composició visual.[2]

En contrast, en moltes societats occidentals, els infants poden aprendre a percebre el present com una successió ràpida d'esdeveniments. Activitats extraescolars programades minuciosament, per exemple, poden ensenyar als nens a percebre el present com a segments de temps altament estructurats.

En algunes comunitats indígenes amazòniques, els nens aprenen a percebre el present en relació amb els cicles naturals. Per exemple, poden aprendre a reconèixer el "present de la temporada de pluges" o el "present de la floració d'una certa planta", desenvolupant una percepció del temps més vinculada a l'entorn natural.

L'educació formal també té un impacte significatiu en com aprenem a percebre el present. L'estructura de les jornades escolars, amb horaris rígids i activitats cronometrades, inculca una certa manera de percebre i valorar el temps present. Per exemple, en escoles Montessori, els nens treballen en blocs de temps ininterromputs de fins a tres hores, fomentant una percepció del present més expansiva i centrada en la tasca. En contrast, el sistema educatiu tradicional amb classes de 50-60 minuts pot promoure una percepció del present més fragmentada i orientada a objectius a curt termini.

Les classes d'art o música poden ensenyar als estudiants a percebre el present de manera diferent. Per exemple, en una classe de dibuix del natural, els estudiants aprenen a observar i capturar el present immediat, desenvolupant una percepció més aguda de "l'ara" visual.

És important notar que l'aprenentatge de la percepció del present no es limita a la infantesa. Al llarg de la vida, les nostres experiències continuen modelant com percebem i experimentem "l'ara". Pràctiques com la meditació o el mindfulness, per exemple, poden ser vistes com a formes d'entrenar la nostra percepció del present, ensenyant-nos a focalitzar la nostra atenció en l'instant actual.

En l'era digital, estem aprenent noves formes de percebre el present. La immediatesa de la informació i la connectivitat constant estan remodelant la nostra experiència de "l'ara", creant un sentit de present expandit que inclou esdeveniments distants i múltiples fluxos d'informació simultanis. L'ús de xarxes socials com "X" o TikTok pot ensenyar-nos a percebre el present com una successió ràpida de moments breus i intensos. Els jocs en línia multijugador ensenyen als jugadors a percebre múltiples "presents" simultanis: el present del joc, el present de la comunicació amb altres jugadors, i el present del món físic que els envolta. D'altra banda, les aplicacions de mindfulness com Headspace o Calm estan ensenyant a milions d'usuaris a percebre el present de manera més conscient i detallada.

Aquest procés d'aprenentatge de la percepció té implicacions significatives per a l'ètica i l'estètica. La manera com aprenem a percebre el present influeix directament en com prenem decisions ètiques i com apreciem estèticament el món que ens envolta. Per exemple, una percepció del present més contemplativa pot conduir a judicis ètics més reflexius i a una apreciació estètica més profunda de l'entorn immediat.

Entendre que la percepció del present és una habilitat apresa ens obre la possibilitat de repensar i potencialment remodelar la nostra experiència de "l'ara". Això no només té implicacions personals, sinó també col·lectives, ja que la manera com una societat percep i valora el present té un impacte profund en les seves estructures socials, sistemes de valors i expressions culturals.

Finalment, és important reconèixer que diferents professions i pràctiques poden ensenyar-nos a percebre el present de maneres molt diverses. Un comerciant de borsa pot aprendre a percebre el present en intervals de segons o mil·lisegons, on cada instant pot significar guanys o pèrdues significatives. Un monjo budista practicant de la meditació Vipassana pot aprendre a percebre el present com un flux continu de sensacions corporals momentànies. Un fotògraf de carrer pot desenvolupar la capacitat de percebre i capturar "moments decisius" en el flux constant del present urbà. Un músic de jazz improvisador pot aprendre a percebre el present com un espai de possibilitats creatives en constant evolució.

Aquests exemples diversos il·lustren com l'aprenentatge de la percepció del present és un procés complex i multifacètic, influenciat per una àmplia gamma de factors culturals, educatius i experiencials. Comprendre aquesta diversitat ens permet apreciar la riquesa de les experiències humanes de "l'ara" i obre noves possibilitats per a l'exploració ètica i estètica del present.

1.2. La realitat i la seva interpretació subjectiva

LA PERCEPCIÓ DEL PRESENT no només implica com experimentem el temps, sinó també com interpretem la realitat que ens envolta en cada moment. Des d'una perspectiva antropològica, la "realitat" no és una entitat objectiva i uniforme, sinó que està profundament influenciada per la interpretació subjectiva de cada individu i cada cultura.

La fenomenologia, una branca de la filosofia que ha influït significativament en l'antropologia, argumenta que la nostra experiència del món està sempre mediada per la nostra consciència. En altres paraules, no experimentem una realitat "nua", sinó una realitat interpretada a través de les nostres percepcions, creences i expectatives culturals.

Aquesta interpretació subjectiva de la realitat es manifesta de diverses maneres:

1. Filtres culturals: Cada cultura proporciona als seus membres un conjunt de "lents" a través de les quals interpreten el món. Per exemple, en algunes cultures amazòniques, certs sons de la selva poden ser interpretats com a missatges dels esperits, mentre que en una cultura urbana occidental, els mateixos sons podrien ser simplement ignorats o interpretats com a soroll ambiental.

2. Llenguatge: El llenguatge que parlem influeix en com percebem i categoritzem la realitat. L'antropòleg i lingüista Benjamin Lee Whorf va proposar que les estructures lingüístiques poden influir en la cognició i la percepció, en la coneguda hipòtesi de Sapir-Whorf o determinisme lingüístic. Aquesta teoria suggereix que la llengua que parlem influeix de forma determinant en la manera com percebem i pensem

sobre el món.[3] En la mateixa línia de treball, Stephen C. Levinson i altres han estudiat la relació entre el llenguatge i l'orientació espacial en grups aborígens australians. Per exemple, algunes llengües d'aquestes zones utilitzen direccions cardinals (nord, sud, est, oest) en lloc de termes egocèntrics com "dreta" o "esquerra", la qual cosa pot influir en com els parlants perceben i naveguen per l'espai.[4]

3. Experiències prèvies: Les nostres experiències passades conformen com interpretem el present. Un antropòleg entrenat pot "veure" patrons culturals en una escena que per a altres passaria desapercebuda.

4. Estats alterats de consciència: Moltes cultures utilitzen tècniques per alterar la consciència (com la meditació, els rituals o l'ús de substàncies psicoactives) que poden canviar radicalment la percepció de la realitat present.

5. Context social: La nostra interpretació de la realitat està influenciada pel nostre rol social i les expectatives dels altres. Per exemple, com un xaman interpreta la realitat durant un ritual pot ser molt diferent de com ho fa en la vida quotidiana.

6. Tecnologia: Les eines i tecnologies que utilitzem també modelen la nostra percepció de la realitat. L'ús generalitzat de smartphones, per exemple, ha canviat com moltes persones perceben i interactuen amb el seu entorn immediat.

La subjectivitat de la interpretació de la realitat té implicacions profundes per a l'ètica i l'estètica:

Ètica: Si la realitat és subjectiva, com podem establir normes ètiques universals? L'antropologia ens mostra que els judicis ètics sovint estan profundament arrelats en interpretacions culturals específiques de la realitat.

Estètica: La bellesa, com a experiència subjectiva, està intrínsecament lligada a com interpretem la realitat. El que es considera bell o estèticament plaent pot variar enormement entre cultures i individus.

No obstant això, és important notar que reconèixer la subjectivitat de la interpretació de la realitat no implica un relativisme absolut. L'antropologia contemporània reconeix que, tot i que les interpretacions de la realitat són diverses, hi ha certs universals humans i punts de convergència entre cultures. Des de Kant fins a Marta Nussbaum, John Rawls, Peter Singer o Steven Pinker, hi ha tota una llarga tradició filosòfica que n'ha defensat la seva existència.

A més, la capacitat humana per a la reflexivitat - és a dir, la capacitat de reflexionar sobre les nostres pròpies percepcions i interpretacions - ens permet qüestionar i, potencialment, transcendir els nostres propis biaixos culturals.

En el context de la percepció del present, aquesta subjectivitat significa que "l'ara" que experimentem no és simplement un moment objectiu en el temps, sinó una construcció complexa influenciada per múltiples factors culturals i individuals. Comprendre aquesta subjectivitat ens permet apreciar la riquesa i diversitat de l'experiència humana del present, alhora que ens convida a reflexionar críticament sobre les nostres pròpies interpretacions de la realitat.

1.3. El present com a instant aïllat: possibilitats i limitacions

LA CONCEPCIÓ DEL PRESENT com un instant aïllat, completament separat del passat i del futur, ofereix una perspectiva particular sobre la naturalesa de l'experiència humana. Aquesta idea ha estat explorada per diversos pensadors al llarg de la història. Filòsofs com Henri Bergson, que va desenvolupar el concepte de "duració pura", una experiència del temps sense la influència del passat o del futur, Martin Heidegger, amb el seu concepte de "Dasein" i l'èmfasi en l'experiència immediata de l'ésser, i Jean-Paul Sartre, que va explorar la idea de la llibertat radical en el moment present, en són un bon exemple.

En l'àmbit artístic, hi ha l'exemple de John Cage, compositor que va experimentar amb la música aleatòria i el silenci, emfatitzant l'experiència immediata del so, Marina Abramović, artista performativa coneguda per les seves obres que exploren la presència i la consciència del moment, o Yves Klein, amb les seves pintures monocromàtiques que busquen capturar l'essència d'un sol color en un instant.

També des de l'espiritualitat podem trobar diferents exemples de persones que han conreat l'experiència de l'instant etern, com ara Thich Nhat Hanh, mestre zen vietnamita que ha ensenyat extensament sobre la pràctica de la plena consciència en el moment present, Eckhart Tolle, autor espiritual que ha popularitzat la idea de viure en "l'ara" a través dels seus llibres i ensenyaments, o Jiddu Krishnamurti, que va emfatitzar la importància de l'observació directa i immediata de la realitat.

Aquests pensadors, artistes i practicants, entre molts altres, cadascun des de la seva pròpia perspectiva i disciplina, han contribuït a l'exploració i desenvolupament de la idea del present com a instant aïllat, una idea que, tanmateix presenta tant possibilitats transformadores com limitacions significatives.

Una de les principals possibilitats d'aquesta perspectiva és la intensificació de l'experiència sensorial. Per exemple, en la pràctica de la mindfulness, els participants sovint reporten una percepció més aguda dels detalls del seu entorn: el so distant d'un ocell, la textura d'una fulla, o els matisos de color en un paisatge que normalment passarien desapercebuts.

La concepció del present com a fet aïllat també pot fomentar un sentit de llibertat i espontaneïtat. En el context de la teràpia psicològica, tècniques com la Teràpia d'Acceptació i Compromís (ACT) utilitzen aquest enfocament per ajudar els pacients a deslligar-se de patrons de pensament negatius arrelats en el passat, permetent-los prendre decisions més lliures i autèntiques en el present.

En l'àmbit artístic, la idea del present aïllat ha inspirat formes d'expressió úniques. Un exemple clar és l'"action painting" de Jackson Pollock, on l'artista es submergeix completament en l'acte de pintar, creant obres que són el resultat d'una improvisació espontània i irrepetible.

No obstant això, aquesta perspectiva també presenta limitacions significatives. En l'àmbit de l'apreciació cultural, per exemple, intentar experimentar la Sagrada Família de Barcelona com un mer instant visual, sense considerar la seva història i context, podria resultar en una experiència significativament empobrida.

En les relacions interpersonals, la importància del context temporal es fa evident. Imaginem una parella celebrant el seu aniversari: gran part del significat i l'emoció d'aquest moment prové precisament de la història compartida i les expectatives futures, elements que es perden si es concep cada instant com completament aïllat.

Èticament, la concepció del present com a instant aïllat presenta reptes importants. Per exemple, en el context del canvi climàtic, una perspectiva centrada únicament en el present podria justificar accions que, tot i ser còmodes o beneficioses a curt termini, tenen conseqüències catastròfiques a llarg termini.

Davant d'aquestes possibilitats i limitacions, molts han arribat a la conclusió que el més beneficiós és buscar un equilibri. En la fotografia, per exemple, un fotògraf pot submergir-se completament en el moment per capturar una imatge única, però també considera com aquesta imatge s'integrarà en una sèrie o narrativa més àmplia.

En la pràctica mèdica, els professionals de la salut han d'equilibrar la necessitat d'estar plenament presents i atents a cada pacient, mentre mantenen una perspectiva més àmplia que inclou l'historial mèdic i les consideracions a llarg termini del tractament.

A tall de conclusió, podem afirmar que l'exploració del present com a instant aïllat ofereix perspectives valuoses sobre la naturalesa de la percepció i la consciència humana. El poeta William Blake va capturar aquesta idea en el seu famós vers "Veure un món en un gra de sorra"[5], suggerint la possibilitat de percebre l'infinit en un instant. No obstant això, com hem vist, aquesta perspectiva té les seves limitacions.

En última instància, la capacitat de submergir-se plenament en el present, combinada amb l'habilitat de connectar aquest present amb el context més ampli de les nostres vides, pot conduir a una experiència més rica i matisada de l'existència. Aquesta aproximació equilibrada permet aprofitar les possibilitats transformadores de "l'ara" sense perdre de vista la complexitat i la interconnexió del flux temporal en què estem immersos.

1.4 La revolució tecnològica del present: Un viatge al futur de la percepció temporal

IMAGINEM-NOS EN UN futur no gaire llunyà. La Maria, una dona de 27 anys, es desperta en un món on la tecnologia ha redefinit completament la nostra experiència del temps i del present.

El seu dia comença com sempre, però avui decideix experimentar amb la seva percepció temporal. Amb un simple pensament, activa la seva interfície cervell-ordinador no invasiva. De sobte, el seu sentit del present s'expandeix. Cada segon sembla durar una eternitat, permeten-li apreciar cada detall del seu entorn amb una claredat sorprenent. Aquesta tecnologia, un pas evolutiu més enllà dels primitius smartphones i ulleres de realitat virtual, li permet modular la seva experiència temporal sense necessitat de cirurgia invasiva.

Mentre es prepara per sortir, la Maria reflexiona sobre com la computació quàntica ha transformat la seva realitat. Els entorns de realitat virtual generats per ordinadors quàntics són ara indistingibles del món físic. Ahir a la nit, va passar el que semblaven hores explorant una recreació perfecta de l'antiga Roma, tot i que el seu rellotge biològic, modificat genèticament per optimitzar el seu ritme circadià, li diu que només van ser minuts en temps "real".

Un cop al carrer, la Maria es troba immersa en un món augmentat per hologrames avançats. Anuncis, informació i fins i tot persones virtuals poblen el seu camp visual, creant una capa addicional de "present" que se superposa a la realitat física. Gràcies a la IA predictiva, rep notificacions d'esdeveniments que encara no han passat, difuminant la línia entre el present i el futur immediat.

De camí a la feina, passa per davant d'una clínica de criogènia. Es pregunta, com tants altres, si algun dia s'atrevirà a "pausar" la seva vida temporalment, desafiant així la seva comprensió lineal del temps. La idea de despertar-se dècades o segles en el futur li produeix una barreja de fascinació i vertigen.

Un cop a l'oficina, participa en una reunió utilitzant tecnologia de "realitat sintètica". Es troba en un espai virtual indistingible de la realitat, on les lleis del temps poden ser alterades a voluntat. La reunió, que subjectivament dura hores, ocupa només minuts en el món exterior.

Després de la feina, la Maria decideix provar un nou neurofàrmac dissenyat específicament per alterar la percepció temporal. L'experiència és intensa: el present s'estira com un elàstic, permetent-li explorar cada instant amb una profunditat abans inimaginable. Es pregunta si això s'assembla a l'experiència de l'"instant etern" de la qual parlaven els místics del passat.

Abans d'anar a dormir, activa el seu dispositiu de control de somnis. Aquesta nit, experimentarà una aventura onírica que subjectivament durarà setmanes, tot i que només dormirà unes poques hores. La tecnologia de modificació de somnis ha obert tot un nou regne d'experiència temporal, desafiant les nocions convencionals de durada i continuïtat.

Mentre s'adorm, la Maria reflexiona sobre com aquestes tecnologies han transformat no només la seva percepció del temps, sinó també la seva comprensió de la realitat mateixa. La distinció entre passat, present i futur sembla cada vegada més arbitrària. El "present" ja no és un punt fix en una línia temporal, sinó un espai fluid i maleable.

Aquestes noves tecnologies han obert possibilitats fascinants, però també han plantejat preguntes inquietants. Com afecta aquesta manipulació del temps a la nostra identitat i a les nostres relacions? Quines són les implicacions ètiques de poder "editar" la nostra experiència temporal? I potser el més important, en un món on el temps és tan fluid, què defineix la nostra humanitat?

La història de la Maria és només un tast del que podria ser el futur de la percepció temporal. Des de la computació quàntica fins a la manipulació genètica del ritme circadià, passant per la realitat sintètica i els neurofàrmacs, cada avenç tecnològic obre noves dimensions en la nostra experiència del present.

Però amb aquestes noves capacitats vénen també noves responsabilitats. La societat s'enfronta al repte de navegar èticament aquest nou paisatge temporal. Com podem aprofitar aquestes tecnologies per enriquir les nostres vides sense perdre la connexió amb la nostra humanitat essencial? Com podem assegurar que l'accés a aquestes experiències temporals augmentades no creï noves formes de desigualtat?

En última instància, aquestes tecnologies emergents no només estan redefinint com percebem el temps, sinó que estan posant en qüestió la nostra comprensió fonamental de què significa existir en el present. En aquest nou món, la capacitat de navegar conscientment entre diferents "capes" de temps i realitat podria convertir-se en una de les habilitats més decisives per a una vida plena i significativa.

Mentre mirem cap al futur, una cosa sembla evident: la nostra relació amb el temps està a punt de canviar de maneres que ni tan sols podem imaginar completament. El repte i l'oportunitat que tenim davant és aprendre a viure amb aquest nou ritme temporal, mantenint la nostra humanitat mentre explorem les vastes possibilitats que s'obren davant nostre.

2. ONTOLOGIA DE L'INSTANT: REALITAT O IL·LUSIÓ EN EL FLUX TEMPORAL?

QUAN INTENTEM CAPTURAR el present, ens trobem davant d'una paradoxa: l'instant sembla ser alhora omnipresent i inassolible. Aquest "ara" fugisser, aquesta frontissa entre el passat i el futur, és el nucli del que anomenem l'ontologia de l'instant.

Però, què volem dir exactament amb "ontologia de l'instant"? L'ontologia es preocupa per la naturalesa fonamental de l'ésser, de la seva essència i existència. Aplicada a l'instant, ens porta a preguntar-nos: existeix realment l'instant com una entitat independent? O és simplement una construcció mental, una il·lusió creada per la nostra manera de percebre el flux continu del temps?

Aquesta pregunta ens situa en el cor d'una dicotomia: realitat versus ficció. Si l'instant és real, hauríem de poder aïllar-lo, definir-lo, potser fins i tot mesurar-lo. Però com podem fer-ho si, per definició, l'instant no té durada? I si és una ficció, com expliquem la nostra experiència viscuda de "l'ara", aquesta sensació intensa i immediata del present?

La distinció entre realitat i ficció en aquest context no és merament acadèmica. Afecta en gran manera a com entenem la nostra existència en el temps. Si l'instant és real, potser vivim en un univers granular, compost de moments discrets. Si és una il·lusió, potser la nostra percepció del temps és radicalment diferent de la seva veritable naturalesa.

Aquesta tensió entre realitat i ficció en l'ontologia de l'instant es manifesta en múltiples nivells. En la nostra experiència quotidiana, sentim el pes de "l'ara" com quelcom innegablement real. Però quan intentem analitzar-lo, es dissol entre els nostres dits conceptuals. En la física clàssica, l'instant juga un paper crucial en les nostres equacions, però la relativitat i la mecànica quàntica qüestionen la seva naturalesa absoluta.

La teoria de la relativitat especial d'Einstein va demostrar que el concepte d'un instant universal o absolut no és vàlid. El que és simultani (i per tant, "en un instant") per a un observador pot no ser-ho per a un altre en moviment relatiu.

Una cita rellevant sobre aquesta qüestió és del propi Albert Einstein:

"La simultaneïtat de dos esdeveniments successius (o, en general, l'ordre temporal de dos esdeveniments en l'espai) depèn del sistema de referència de l'observador."[6]

Per la seva part, la mecànica quàntica introdueix incertesa en la mesura precisa del temps en escales molt petites, fent que el concepte d'un "instant" ben definit sigui problemàtic a nivell subatòmic.

Una cita que il·lustra aquesta idea és de Werner Heisenberg:

"En la formulació forta del principi causal, 'Si coneixem el present amb exactitud, podem calcular el futur', no és la conclusió que és incorrecta, sinó la premissa."[7]

El físic i filòsof Carlo Rovelli ofereix una perspectiva interessant sobre com la física moderna tracta l'instant:

"El temps de la física no flueix, no passa. No hi ha un present universal que 'avança'. Els esdeveniments no estan ordenats en passat, present i futur; estan només ordenats en les seves relacions mútues." [8]

Aquestes perspectives de la física moderna suggereixen que, tot i que l'instant és un concepte útil en la nostra experiència quotidiana, la seva naturalesa a un nivell fonamental és més complexa i molt menys "absoluta" del que la intuïció ens diu.

2.1. Conceptualitzacions filosòfiques de l'instant.

L'INSTANT, AQUEST PUNT fugaç entre el passat i el futur, ha intrigat filòsofs durant mil·lennis. La seva naturalesa aparentment paradoxal -ser alhora omnipresent i intangible- ha generat una rica tradició de pensament filosòfic. Analitzem algunes de les conceptualitzacions més influents de l'instant al llarg de la història de la filosofia.

2.1.1. Perspectives clàssiques i medievals

EN L'ANTIGUITAT GREGA, la noció de l'instant va ser objecte d'intensa reflexió filosòfica, donant lloc a diverses concepcions que han influït en el pensament occidental fins als nostres dies.

Heràclit (c. 535-475 aC) va concebre el temps com un flux constant, una idea capturada en la seva famosa frase "No es pot entrar dues vegades en el mateix riu". Per a Heràclit, l'instant no era un punt fix en el temps, sinó un moment de transició en el constant esdevenir del món. Aquesta visió emfatitza la naturalesa dinàmica i canviant de la realitat, on cada instant és únic i irrepetible. La concepció heraclitiana suggereix que l'instant, tot i ser momentani, està carregat de la totalitat del flux temporal.

En marcada oposició, Parmènides (c. 515-450 aC) va proposar una visió de la realitat com a estàtica i eterna. Argumentava que el canvi és impossible i que la veritable naturalesa de l'ésser és immutable. Aquesta perspectiva qüestiona radicalment la noció mateixa de l'instant com a moment fugaç. En el món de Parmènides, podríem dir que només existeix un etern "ara", immune al pas del temps. Aquesta idea, tot i semblar contraintuïtiva, ha tingut una profunda influència en la filosofia posterior, especialment en les concepcions de l'eternitat i l'immutable.

Zenó d'Elea (c. 490-430 aC), seguidor de Parmènides, va formular una sèrie de paradoxes que qüestionen la coherència lògica del moviment i, per extensió, del temps i l'instant. La paradoxa de la fletxa, per exemple, argumenta que en qualsevol instant indivisible, una fletxa en vol està immòbil. Si el temps està compost d'instants, com pot haver-hi moviment? Aquestes paradoxes no són mers trencaclosques lògics, sinó que apunten a problemes fonamentals en la nostra comprensió de la continuïtat i la divisibilitat del temps.[9]

Plató (428/427-348/347 aC), en el seu diàleg "Timeu"[10], va introduir la idea del temps com una "imatge mòbil de l'eternitat". Aquesta concepció estableix una distinció crucial entre el món temporal, caracteritzat pel canvi i la successió d'instants, i el món etern de les Formes. Per a Plató, els instants del temps són com ombres projectades de l'eternitat immutable. Aquesta visió planteja preguntes rellevants sobre la relació entre l'instant temporal i la realitat eterna, un tema que ha ressonat al llarg de la història de la filosofia.

Aristòtil (384-322 aC) va oferir una anàlisi més sistemàtica del temps en la seva "Física"[11]. Va definir el temps com "la mesura del moviment segons l'abans i el després". "Si res no canvia, el temps no existeix". Per a Aristòtil, l'instant (τo $\nu \tilde{u} \nu$, "to nun", l'ara) és el que divideix el passat del futur i dóna continuïtat al temps. No obstant això, va argumentar que l'instant no és una part del temps, sinó un límit, comparable a un punt en una línia. Aquesta concepció de l'instant com a límit o frontissa entre passat i futur ha tingut una influència duradora en la filosofia del temps.

En l'antiguitat tardana, Sant Agustí (354-430 dC) va oferir una reflexió profunda i influent sobre la naturalesa del temps i l'instant en el Llibre XI de les seves "Confessions"[12]. Va concebre el present com un "instant sense durada" que constantment passa del futur al passat. Aquesta idea paradoxal d'un instant que existeix però no té extensió temporal ha tingut una influència duradora en el pensament occidental. Agustí escriu:

"Si es pot concebre algun temps que no pugui dividir-se en parts mínimes d'instants, només aquest es pot anomenar present. I aquest temps vola tan ràpidament del futur al passat, que no té cap durada. Perquè si la tingués, es dividiria en passat i futur."[13]

Agustí també va explorar la naturalesa psicològica del temps, suggerint que el passat i el futur existeixen només en la ment, mentre que el present és l'única realitat temporal. Aquesta perspectiva psicològica del temps obre noves vies per entendre l'instant no només com un fenomen objectiu, sinó com una experiència subjectiva.[14]

Un segle més tard Boeci (c. 480-524) va oferir noves i sofisticades reflexions sobre l'instant. En "La consolació de la filosofia", va contrastar l'eternitat divina amb la temporalitat humana. Va concebre l'instant com el punt de contacte entre aquests dos àmbits, suggerint que l'experiència humana de l'instant és una participació limitada en l'eternitat divina.[15]

En l'època medieval, Avicenna (980-1037), filòsof i metge persa, va argumentar que l'instant no és una part del temps, sinó el seu límit, similar a com un punt és el límit d'una línia. Aquesta concepció, influenciada per Aristòtil, va repercutir significativament en el pensament escolàstic posterior. Avicenna va explorar com l'instant, tot i no tenir durada, pot ser el moment del canvi, una idea que seria desenvolupada més endavant per altres pensadors medievals, com Tomàs d'Aquino o Guillem d'Ockham.

Moisès Maimònides (1138-1204), en la seva obra "Guia dels Perplexos"[16], va explorar la relació entre l'instant, el moviment i la creació. Va argumentar que el temps està necessàriament lligat al moviment i, per tant, a la creació. Aquesta perspectiva planteja preguntes sobre la naturalesa del temps abans de la creació del món i sobre la relació entre l'instant i l'eternitat divina. Al mateix temps, defensa una visió atomista o discreta del temps: "El temps està compost per àtoms, és a dir, per moltes parts que no es poden subdividir més, a causa de la seva curta durada".[17]

Tomàs d'Aquino (1225-1274) va desenvolupar la idea de l'instant com a "indivisible del temps" i va explorar la seva relació amb el canvi substancial i l'eternitat divina. Per a Aquino, l'instant, tot i no tenir durada, pot ser el moment del canvi. Va argumentar que en l'instant del canvi substancial, la forma antiga cessa d'existir i la nova comença a existir simultàniament. Aquesta concepció intenta reconciliar la continuïtat del temps amb la possibilitat de canvis discrets.

Guillem d'Ockham (c. 1287-1347) va proposar una visió nominalista del temps i l'instant, argumentant que no tenen existència real fora de la ment, sinó que són construccions mentals basades en el moviment i el canvi. Aquesta perspectiva anticipa en certa manera les concepcions modernes que veuen el temps com una estructura cognitiva més que com una realitat objectiva.

Aquestes reflexions medievals van establir un pont bàsic entre les concepcions antigues i modernes de l'instant, introduint noves subtileses en la comprensió de la relació entre temps, canvi, eternitat i experiència humana. Van preparar el terreny per a les revolucions conceptuals que vindrien amb l'arribada de la modernitat.

2.1.2. Visions modernes i contemporànies

AMB L'ARRIBADA DE LA modernitat, les conceptualitzacions de l'instant van prendre noves direccions, influenciades pels avenços en ciència i matemàtiques, així com per noves perspectives filosòfiques.

René Descartes (1596-1650) va introduir una noció de discontinuïtat temporal que va tenir profundes implicacions per a la comprensió de l'instant. En la seva metafísica, Descartes va suggerir que cada moment de l'existència requereix una "recreació" contínua per part de Déu. Aquesta idea implica que l'existència en un instant no garanteix necessàriament l'existència en el següent. Descartes escriu en les seves "Meditacions Metafísiques":

"És, en efecte, una cosa molt clara i evident per a tots els que consideren amb atenció la naturalesa del temps, que una substància, per existir en cada moment que dura, necessita la mateixa força i acció que seria necessària per produir-la i crear-la de nou si no existís."[18]

Aquesta perspectiva obre la possibilitat de concebre l'instant com una entitat discreta i independent, més que com part d'un continu temporal ininterromput.

Nicolas Malebranche (1638-1715) va desenvolupar encara més aquesta idea amb el seu concepte de "creació contínua". Segons Malebranche, Déu no només crea el món inicialment, sinó que el recrea en cada instant. Aquesta visió ocasionalista porta a una concepció de l'instant com a fonamentalment discontinu i dependent de l'acció divina constant. Malebranche escriu:

"Déu no només crea totes les coses al principi de la seva existència: les produeix i les conserva sense cessar."[19]

Aquesta perspectiva planteja preguntes sobre la naturalesa de la causalitat i la continuïtat temporal, suggerint que cada instant podria ser ontològicament independent dels altres.

Immanuel Kant (1724-1804) va provocar una revolució en la comprensió filosòfica del temps i l'instant. En la seva "Crítica de la Raó Pura", Kant va proposar que el temps, i per tant l'instant, no és una propietat de les coses en si mateixes, sinó una forma a priori de la nostra intuïció sensible. Segons Kant, el temps és una estructura que la ment imposa a l'experiència, més que una característica objectiva de la realitat. Kant escriu:

"El temps no és altra cosa que la forma del sentit intern, és a dir, de la intuïció de nosaltres mateixos i del nostre estat interior."[20]

Aquesta perspectiva transcendental defensa que la nostra experiència de l'instant està fonamentalment modelada per les estructures de la nostra cognició, obrint noves vies per entendre la relació entre subjectivitat i temporalitat.

Georg Wilhelm Friedrich Hegel (1770 - 1831), un dels filòsofs més influents del segle XIX, ofereix una visió única de l'instant dins del seu sistema filosòfic. En la seva obra, Hegel entén l'instant no com un moment aïllat o estàtic, sinó com una part integral del procés dialèctic del desenvolupament de l'Esperit (Geist).

Per a Hegel, la realitat es desenvolupa a través d'un moviment constant de tesis, antítesis i síntesis. Aquest procés dialèctic és temporal i històric, i cada instant representa un punt de transició en aquest flux. L'instant és, per tant, una síntesi dels moments passats i una anticipació dels futurs. No és un fragment de temps separat, sinó una expressió de la contínua evolució de la idea absoluta. Hegel escriu:

"El que jo indico és un Ara que ja ha deixat de ser en el moment en què l'indico. L'Ara que és ja ha deixat de ser; l'Ara que era ja no és; és un Ara que ha estat. Però el que ha estat no és en realitat; el que és, però, és un altre Ara. [...] L'Ara és, per tant, aquest ésser que al mateix temps no és; és el no-ser que és i l'ésser que no és."[21]

Aquest passatge és un exemple clar del pensament dialèctic de Hegel, on l'instant (l'Ara) es revela com una contradicció entre l'ésser i el no-ser. Segons Hegel, l'instant o Ara no és una realitat fixa, sinó un moment en procés constant de canvi. Quan intentem capturar l'Ara com a present, ja ha deixat de ser-ho i s'ha convertit en passat. Així, l'Ara es revela com una contradicció: ésser en un moment, però, al mateix temps, ja no ser. Aquesta contradicció entre ésser i no-ser reflecteix la natura dialèctica del temps, que es desenvolupa a través del que Hegel anomena "devenir", un procés continu en què tot moment de la realitat es transforma immediatament en un altre.

Per a Hegel, el present no es pot entendre com una cosa estable, sinó com la síntesi d'allò que ha estat i d'allò que està per venir. Cada instant nega el moment anterior, però aquesta negació no és una destrucció total: és una superació (en alemany, Aufhebung) que conserva el que ha passat, però transformant-lo. Així, l'Ara és un punt de transició entre el passat i el futur, mai una realitat definitiva o completa.

Aquest concepte il·lustra la seva concepció de la realitat com a procés: res no és permanent, sinó que tot està en constant moviment i canvi. Això fa que el coneixement immediat de la realitat (com l'intent d'atrapar l'Ara) sigui enganyós, perquè la realitat mateixa es troba sempre en moviment, negant i superant-se a cada moment.

Henri Bergson (1859-1941) va oferir una crítica radical de les concepcions matemàtiques i científiques del temps, introduint el concepte de "duració" (durée). Per a Bergson, el temps real és una experiència contínua i indivisible, en contrast amb la concepció matemàtica d'instants discrets. En la seva obra "Assaig sobre les dades immediates de la consciència", Bergson argumenta:

"La duració pura és la forma que pren la successió dels nostres estats de consciència quan el nostre jo es deixa viure, quan s'absté d'establir una separació entre l'estat present i els estats anteriors."[22]

Aquesta visió de la duració com a flux continu qüestiona la noció d'instant com a punt discret en el temps, suggerint en canvi una interpenetració constant de passat, present i futur en la nostra experiència viscuda.

Martin Heidegger (1889-1976) va aportar una perspectiva existencial única sobre l'instant amb el seu concepte d'"Augenblick" (moment de visió). Per a Heidegger, l'Augenblick no és simplement un punt en el temps cronològic, sinó un moment de revelació i decisió autèntica. En la seva obra "Ser i Temps", Heidegger escriu:

"El fenomen de l'instant no pot ser aclarit a partir de l'ara. L'ara és un fenomen temporal que pertany al temps com intratemporialitat: l'ara 'en què' alguna cosa sorgeix, passa o està present. En l'instant no hi ha res que pugui sorgir, sinó que, com a resolució pròpia, la presentació extàtica obre la situació i la manté oberta."[23]

Aquesta concepció de l'instant com a moment de significat existencial profund ofereix una perspectiva radicalment diferent de les visions més matemàtiques o físiques del temps. Per a Heidegger, l'Augenblick no és simplement un punt en una seqüència temporal, sinó un moment de revelació autèntica i decisió existencial. El concepte parteix de la distinció entre el "l'ara" (Jetzt), que pertany a la comprensió quotidiana i inautèntica del temps, i l'Augenblick, que representa una manera més autèntica i profunda d'experimentar la temporalitat. L'Augenblick no és un moment en què "passa" alguna cosa, sinó un moment d'obertura existencial on el Dasein (l'ésser-hi, el ser humà en la seva existència) es confronta amb les seves possibilitats més pròpies.

2.1.3. Crisi de les concepcions lògiques clàssiques de l'instant

EN EL PENSAMENT CONTEMPORANI, les concepcions tradicionals de l'instant han estat objecte d'un escrutini encara més profund, influenciat per avenços en física, matemàtiques i filosofia.

La teoria de la relativitat d'Albert Einstein (1879-1955) va transformar radicalment la nostra comprensió del temps i, per extensió, de l'instant. Hem vist com la relativitat especial va introduir la noció de simultaneïtat relativa, suggerint que no existeix un "ara" universal.

La mecànica quàntica ha aportat nous reptes a la concepció de l'instant. El principi d'incertesa de Werner Heisenberg (1901-1976) suggereix que hi ha límits fonamentals en la precisió amb què podem mesurar simultàniament certes parelles de propietats físiques, com la posició i el moment d'una partícula. Això planteja preguntes rellevants sobre la naturalesa de l'instant a escales subatòmiques. Niels Bohr (1885-1962) va reflexionar sobre aquestes implicacions:

"En el gran drama de l'existència, som alhora actors i espectadors."[24]

Aquesta idea defensa una interrelació complexa entre l'observador i l'instant observat, difuminant les línies entre subjectivitat i objectivitat en la nostra comprensió del temps. La cita reflecteix la visió de Bohr sobre la naturalesa de la realitat i el paper de l'observador en la física quàntica. Indica que no som simplement observadors passius de l'univers, sinó que també participem activament en la seva creació i interpretació.

En filosofia, noves aproximacions lògiques han ofert perspectives alternatives per conceptualitzar l'instant:

La lògica difusa, desenvolupada per Lotfi Zadeh (1921-2017), permet graus de veritat entre 0 i 1. Aplicada a l'instant, podria permetre concebre'l com a parcialment present o amb límits difusos, reflectint millor la nostra experiència subjectiva de "l'ara". Zadeh expressa així el que es coneix com a "Principi d'incompatibilitat":

"A mesura que la complexitat d'un sistema augmenta, la nostra capacitat de fer afirmacions precises i significatives sobre el seu comportament disminueix fins a un llindar més enllà del qual la precisió i la rellevància esdevenen gairebé mútuament excloents."[25]

L'instant present, tot i semblar simple, és en realitat un sistema altament complex que involucra múltiples processos neurològics, sensorials i cognitius. Seguint el principi de Zadeh, a mesura que intentem descriure aquest instant amb més precisió, perdem part de la seva rellevància o significat experiencial. Així, doncs, determinada per aquest principi, la nostra percepció de l'instant esdevé una tasca tan complexa que es fa impossible, segons les nostres capacitats cognitives limitades, obtenir dades precises sobre aquest fenomen temporal que configura allò que anomenem "l'ara" o "el present".

En aquest sentit, El filòsof Henri Bergson afirma:

"La nostra percepció del present és ja memòria... El present pur, aquell instant indivisible que separa el passat del futur, existiria només com una abstracció ideal."[26]

Aquesta cita de Bergson il·lustra com, en intentar definir o percebre l'instant amb precisió, ens trobem amb les limitacions descrites pel principi d'incompatibilitat de Zadeh, les quals es concreten en diferents tipus de contradiccions:

a. Contradiccions entre immediatesa i memòria: Bergson suggereix que en el moment que percebem el "present", ja s'ha convertit en passat. Així, hi ha una tensió entre la nostra experiència immediata i el procés de registrar aquesta experiència.

b. Contradiccions entre continuïtat i divisibilitat: El present es percep com un flux continu, però intentem entendre'l dividint-lo en instants discrets.

c. Contradiccions entre experiència viscuda i conceptualització: Hi ha una tensió entre com experimentem el present de manera vivencial i com intentem definir-lo o entendre'l conceptualment.

d. Contradiccions entre realitat i abstracció: Bergson suggereix que el "present pur" és una abstracció ideal, indicant una tensió entre la nostra experiència real del temps i els nostres intents d'aïllar un "instant" perfecte.

e. Contradiccions entre percepció i cognició: La tensió entre la percepció immediata i el procés cognitiu que intenta capturar i entendre aquesta percepció.

En conclusió, el Principi d'incompatibilitat ens ajuda a entendre per què l'experiència de l'instant present, tot i ser fonamental per a la nostra consciència, és tan difícil de definir i descriure amb precisió sense perdre la seva essència i significat. Aquesta perspectiva ens obliga a fer una apreciació més holística i menys rígida de la nostra experiència temporal.

Una resposta possible la trobem en la lògica paraconsistent, desenvolupada per filòsofs com Newton da Costa (1929-), que permet l'existència de contradiccions sense trivialitzar el sistema lògic. Això podria permetre concepcions de l'instant que són aparentment contradictòries, com ser i no ser simultàniament. Graham Priest, un defensor contemporani d'aquesta teoria, argumenta:

"Hi ha veritats que són també falses. I hi ha falsedats que són també veritats."[27]

El "dialeteisme" de Priest ens permet considerar l'instant com a quelcom que és i no és simultàniament, transcendint així les limitacions de la lògica binària. Curiosament, en física quàntica, fenòmens com la superposició d'estats (on una partícula pot estar en múltiples estats simultàniament) troben un paral·lelisme interessant amb aquesta visió de l'instant, ja que en ambdós casos es viola el Principi de no contradicció.

La lògica temporal, desenvolupada per Arthur Prior (1914-1969), incorpora operadors temporals directament en la lògica. Això permet un tractament més sofisticat de conceptes com "sempre", "a vegades" i "ara", oferint noves eines per analitzar l'instant en relació amb altres estructures temporals.

Els operadors bàsics de la lògica temporal de Prior són:

1. P: "Va ser el cas que" (passat)
2. F: "Serà el cas que" (futur)
3. H: "Sempre ha estat el cas que" (passat)
4. G: "Sempre serà el cas que" (futur)

A més, es poden definir operadors addicionals com:

1. N: "Ara és el cas que" (present)

Utilitzant aquests operadors, podem expressar proposicions complexes sobre el temps i l'instant present. Per exemple:

- $N(p)$: "p és cert ara"
- $F(p)$: "p serà cert en algun moment futur"
- $G(p)$: "p serà sempre cert en el futur"
- $P(p)$: "p va ser cert en algun moment passat"
- $H(p)$: "p sempre ha estat cert en el passat"

Aquesta formalització permet analitzar l'instant present en relació amb altres estructures temporals d'una manera més precisa. Per exemple:

1. Continuïtat del present: $N(p) \to FP(p)$ (Si p és cert ara, en el futur serà cert que p va ser cert en el passat)
2. Transitorietat de l'instant: $N(p) \to F(P(p) \land \neg N(p))$ (Si p és cert ara, en el futur serà cert que p va ser cert en el passat però ja no és cert ara)
3. Instant com a pont entre passat i futur: $G(P(p) \to p) \land H(F(p) \to p) \to p$ (Si sempre en el futur serà cert que si p va ser cert en el passat, p és cert, i sempre en el passat era cert que si p serà cert en el futur, p és cert, llavors p és cert ara)[28]

La lògica temporal de Prior també permet abordar qüestions filosòfiques complexes sobre la naturalesa del temps i l'instant:

• Determinisme vs. Indeterminisme: La lògica temporal pot modelar diferents concepcions del futur, permetent l'anàlisi formal de qüestions sobre el determinisme.

• Eternisme vs. Presentisme: Podem utilitzar la lògica temporal per formalitzar i comparar diferents teories metafísiques sobre l'existència del passat i el futur.

• Branching Time: Prior va desenvolupar models de "temps ramificat" que permeten representar futurs alternatius, oferint una eina poderosa per analitzar la contingència i la llibertat.

- A-Series vs. B-Series: La lògica temporal de Prior és particularment adequada per modelar la perspectiva A-Series de McTaggart (passat-present-futur), però també pot adaptar-se per representar relacions B-Series (abans de -després de -simultani a).

Un exemple concret d'aplicació és l'anàlisi de "l'ara" mòbil:

$$N(p) \wedge F(P(p) \wedge N(q))$$

Aquesta fórmula expressa que p és cert ara, i en algun moment futur serà cert que p va ser cert en el passat i q és cert ara. L'enunciat captura la idea que "l'ara" es mou al llarg del temps, canviant el que és present.

La lògica temporal de Prior ha tingut un impacte significatiu més enllà de la filosofia. S'utilitza en informàtica per a la verificació de programes i sistemes, en intel·ligència artificial per al raonament temporal, i en lingüística per a l'anàlisi de l'aspecte i el temps verbal.

En el context de l'estudi de l'instant, la lògica temporal ofereix un marc formal rigorós per explorar les complexitats de la nostra experiència temporal. Permet expressar i analitzar amb precisió les relacions entre l'instant present, el passat i el futur, així com conceptes més abstractes com la duració, la simultaneïtat i el canvi temporal. Citant al propi Prior:

"El present simplement no és un mer punt de referència ... És la font de tota la realitat, de la qual flueix el temps."[29]

En aquesta cita, Prior està expressant una visió filosòfica coneguda com a "presentisme", que sosté que només el present existeix realment. Segons aquesta perspectiva:

1. El present no és simplement un punt arbitrari en una línia temporal.
2. El present és ontològicament fonamental - és la base de tota la realitat.

3. El temps no és una dimensió preexistent per la qual ens movem, sinó que "flueix" o emana del present.
4. Passat i futur no tenen una existència independent, sinó que són constructes basats en el present.

Aquesta visió contrasta amb altres teories del temps, com l'eternisme (que sosté que passat, present i futur existeixen igualment) o la teoria del bloc de l'univers (que veu el temps com una dimensió estàtica).

La cita de Prior emfatitza la centralitat i la importància del present en la nostra experiència i comprensió de la realitat i el temps. Suggereix que el nostre sentit del temps i de la realitat està ancorat en la nostra experiència immediata del present, més que en una concepció abstracta del temps com una sèrie de moments equivalents.

Finalment, Gilles Deleuze, filòsof francès del segle XX, ens ofereix una visió revolucionària del temps que posa en qüestió les nostres concepcions habituals. Per entendre les seves idees, hem de començar per abandonar la imatge del temps com una línia recta i adoptar en el seu lloc la metàfora del "rizoma".

Un rizoma, en botànica, és un tipus de tija subterrània que creix horitzontalment, emetent arrels i brots des dels seus nodes en totes direccions. Deleuze i el seu col·laborador Félix Guattari van adoptar aquest concepte per descriure sistemes de pensament i, en el nostre cas, per repensar la naturalesa del temps i de l'instant.

Imaginem el temps no com un riu que flueix en una direcció, sinó com un vast camp subterrani de rizomes, estenent-se en totes direccions, creant connexions inesperades i brotant en punts imprevisibles. En aquesta visió, cada instant no és un punt fix en una línia, sinó un node en aquesta xarxa complexa i en constant expansió.

Quan experimentem un instant, segons Deleuze, no estem simplement ocupant un punt en el temps. Estem activant un node en aquesta xarxa rizomàtica, establint connexions amb el passat i el futur de maneres imprevisibles. Per exemple, quan recordem un esdeveniment passat, no estem simplement accedint a un punt fix en la nostra memòria. Estem creant una nova connexió en el rizoma temporal, potencialment alterant tant la nostra comprensió del passat com la nostra experiència del present i les nostres expectatives per al futur.

Aquesta concepció rizomàtica del temps ens porta a la idea deleuziana del "devenir" en lloc del "ser". Així com un rizoma està sempre en procés de creixement i transformació, mai en un estat fix, Deleuze veu l'instant no com un moment estàtic, sinó com un procés dinàmic de canvi i creació. Com escriu a "Diferència i Repetició":

"El temps ja no és el cercle del moviment, sinó l'espiral del devenir."[30]

En aquest model, el temps no es mou en una sola direcció ni a un ritme uniforme. De la mateixa manera que un rizoma pot tenir múltiples punts de creixement simultanis, el temps deleuzià té múltiples "presents" coexistents, cadascun amb les seves pròpies connexions i potencialitats. Aquesta idea posa en qüestió la noció d'un únic present universal i obre la possibilitat de temporalitats diverses i sobreposades.

La estructura no jeràrquica del rizoma també reflecteix la resistència de Deleuze a les explicacions totalitzadores o les "grans narratives" del temps. No hi ha un "tronc principal" del temps del qual tot es deriva. En lloc d'això, hi ha una multitud de línies temporals entrecreuant-se, bifurcant-se i reconnectant-se de maneres imprevisibles.

Aquesta visió té implicacions importants per a com entenem els esdeveniments i la causalitat. Un esdeveniment, en la perspectiva deleuziana, no és simplement quelcom que passa en un moment donat. És més aviat una convergència de múltiples línies temporals, un punt d'intensitat en la xarxa rizomàtica del temps. Cada esdeveniment porta amb si el potencial de reconfigurar tota la xarxa, creant noves connexions i obrint noves possibilitats.

Deleuze també ens fa repensar la nostra pròpia relació amb el temps. No som observadors externs del flux temporal, sinó part integral d'aquesta xarxa rizomàtica. La nostra consciència, la nostra identitat, es forma i reforma constantment a través de les connexions que establim i les línies temporals que activem. Com escriu a "Lògica del Sentit":

"No és el temps que està en nosaltres, som nosaltres que estem en el temps."[31]

Aquesta concepció rizomàtica del temps i de l'instant obre noves possibilitats per a la creativitat i la novetat. Cada instant, com a node en aquesta xarxa complexa, conté el potencial per a connexions i creacions inesperades. No estem simplement movent-nos al llarg d'un camí predeterminat, sinó constantment creant noves rutes i connexions.

En última instància, la visió deleuziana del temps ens dirigeix a una nova forma de pensar i experimentar la nostra existència temporal. Ens porta a veure més enllà de la superfície aparentment suau i predictible del temps, i a submergir-nos en les seves profunditats rizomàtiques, sempre canviants i creatives. En fer-ho, suggereix Deleuze, podem obrir-nos a noves formes de pensar, crear i existir en el món.

2.2. La tensió entre la percepció subjectiva i l'existència objectiva

AQUESTA SECCIÓ EXPLORARÀ la complexa relació entre com experimentem subjectivament l'instant i com es considera objectivament en termes científics i filosòfics.

La nostra comprensió de l'instant es troba en una cruïlla entre l'experiència subjectiva i les descripcions objectives del temps. Aquesta tensió és fonamental per entendre l'ontologia de l'instant.

2.2.1. L'experiència fenomenològica de l'instant

DES D'UN PUNT DE VISTA subjectiu, l'instant es presenta com una experiència immediata i viscuda. Fenomenològicament, sembla tenir certa durada, per breu que sigui. Quan diem "ara", aquest "ara" sembla estendre's més enllà d'un punt matemàtic sense extensió.

Edmund Husserl (1859-1938), en les seves anàlisis sobre la consciència del temps intern, va proposar conceptes com "retenció" i "protenció"[32] per explicar com experimentem el present. Segons Husserl, el present viscut no és un punt, sinó un camp temporal que inclou un passat immediat i un futur anticipat. En les seves "Lliçons de fenomenologia de la consciència interna del temps", Husserl escriu:

"El present concret... no és un mer punt de l'objectivitat, sinó que és en si mateix una objectivitat estesa."[33]

Aquesta perspectiva suggereix que la nostra experiència subjectiva de l'instant és inherentment més rica i complexa que una concepció purament puntual, ja que:

A. Extensió temporal: El present no és instantani, sinó que té una certa "amplada" temporal.

B. Estructura complexa: Aquest present estès inclou no només l'ara immediat, sinó també retencions del passat recent i protencions cap al futur immediat.

C. Continuïtat de l'experiència: Aquesta concepció ajuda a explicar com experimentem el temps com un flux continu en lloc d'una sèrie de moments discrets.

D. Objectivitat: En anomenar-lo una "objectivitat estesa", Husserl suggereix que aquesta estructura del present no és merament subjectiva, sinó que té una certa realitat objectiva.

WILLIAM JAMES (1842-1910) va introduir el concepte de "present especiós", suggerint que la nostra percepció del present té una certa amplitud, típicament de diversos segons. En "Els principis de psicologia", James afirma que:

"El coneixement de qualsevol altre fragment del corrent [de consciència], passat o futur, proper o remot, sempre està barrejat amb el nostre coneixement del present."[34]

Aquesta idea del present especiós indica que la nostra experiència subjectiva de l'instant no és un tall precís en el flux temporal, sinó una finestra de durada variable. A partir de la seva famosa metàfora del "corrent de consciència", James està argumentant que la nostra experiència conscient no és una sèrie d'estats discrets, sinó un flux continu on el present està sempre entrellaçat amb la memòria del passat i l'anticipació del futur.

Per acabar aquest apartat, esmentarem l'obra de Maurice Merleau-Ponty (1908-1961) on aprofundeix en la naturalesa corporeïtzada de la nostra experiència temporal. En la seva "Fenomenologia de la percepció", defensa que:

"El present viscut conté en la seva espessor un passat i un futur que s'estenen sense límit." [35]

Aquesta visió emfasitza com la nostra percepció de l'instant està profundament arrelada en la nostra existència corporal i la nostra interacció amb el món. Quan parla de l'"espessor" del present viscut, ens està demanant que imaginem el moment actual com quelcom que té profunditat i densitat, més que com un simple punt en una línia temporal.

Aquesta densitat del present, segons Merleau-Ponty, està constituïda per la presència constant del passat i del futur. No es tracta simplement que recordem el passat o anticipem el futur mentre vivim el present, sinó que aquests elements temporals són part integral de la nostra experiència actual. El passat no és només allò que ha quedat enrere, sinó que continua vivint i influint en el nostre present. De la mateixa manera, el futur no és simplement allò que encara ha d'arribar, sinó que ja està present en forma de possibilitats, expectatives i projectes que donen forma a la nostra experiència actual.

Quan Merleau-Ponty diu que aquest passat i futur "s'estenen sense límit", ens està suggerint que la nostra experiència del present no està confinada a un interval temporal estret. En canvi, tot el nostre passat i totes les nostres possibilitats futures estan potencialment presents en cada moment viscut. Això no vol dir que estem constantment conscients de tota la nostra història o de tots els nostres futurs possibles, sinó que aquests estan sempre disponibles, formant l'horitzó de la nostra experiència present.

Aquesta visió del temps està íntimament lligada a la filosofia més àmplia de Merleau-Ponty sobre la percepció i l'existència encarnada. Per a ell, la nostra experiència del món està sempre mediada pel nostre cos i situada en un context específic. De la mateixa manera, la nostra experiència del temps no és la d'un observador neutre que mira un rellotge objectiu, sinó la d'un ésser encarnat que viu el temps des de dins.

Les implicacions d'aquesta perspectiva són importants. Defensa que la nostra identitat i la nostra comprensió del món no estan basades en una sèrie de moments discrets, sinó en una experiència temporal contínua i rica. La memòria no és simplement un arxiu del passat, sinó una part activa de la nostra experiència present. De la mateixa manera, les nostres expectatives i projectes futurs no són simplement plans abstractes, sinó elements que donen forma a com vivim el moment actual.

Aquesta visió del temps també posa en qüestió les concepcions més objectives o científiques que tracten el temps com una dimensió mesurable i uniforme. Per a Merleau-Ponty, el temps viscut és qualitativament diferent del temps del rellotge. És flexible, subjectiu i profundament lligat a la nostra experiència corporal i a la nostra situació en el món.

2.2.2. Models científics del temps i l'instant

EN CONTRAST AMB AQUESTES experiències subjectives, les descripcions científiques i matemàtiques del temps tendeixen a concebre l'instant com un punt sense durada en una línia temporal contínua.

En física clàssica, el temps es tracta com una dimensió contínua, on els instants són punts infinitesimals. Isaac Newton (1643-1727) va concebre el temps com absolut i independent de l'observador. En els seus "Principia Mathematica", Newton escriu:

"El temps absolut, veritable i matemàtic, per si mateix i per la seva pròpia naturalesa, flueix uniformement sense relació amb res extern."[36]

Aquesta concepció newtoniana presenta l'instant com un punt precís en una línia temporal objectiva i universal.

La teoria de la relativitat d'Albert Einstein (1879-1955) va complicar encara més aquesta visió, mostrant que la simultaneïtat és relativa a l'observador. En la relativitat especial, la noció d'un instant universal es dissol, ja que esdeveniments simultanis en un marc de referència poden no ser-ho en un altre. Einstein va afirmar que:

"La distinció entre passat, present i futur és només una il·lusió, encara que persistent."[37]

Aquesta perspectiva relativista qüestiona profundament la noció d'un instant objectiu i universal, i reflecteix la visió d'Einstein del temps com una dimensió en un continu espai-temps de quatre dimensions, on passat, present i futur existeixen simultàniament. Aquesta idea, coneguda com "eternisme" o "univers bloc", contrasta fortament amb la nostra experiència quotidiana del temps com un flux del passat al futur a través del present.

En mecànica quàntica, el principi d'incertesa de Werner Heisenberg (1901-1976) suggereix límits fonamentals en la precisió amb què podem mesurar el temps en escales molt petites. Heisenberg defensa que:

"El que observem no és la naturalesa en si mateixa, sinó la naturalesa exposada al nostre mètode d'interrogació."[38]

Aquesta idea introdueix una ambigüitat fonamental en la noció d'instant a nivell subatòmic, difuminant encara més la línia entre subjectivitat i objectivitat. Aquesta frase conté una idea fonamental en la interpretació de Copenhaguen de la mecànica quàntica, de la qual Heisenberg va ser un dels principals defensors. Reflecteix la noció que en el món quàntic, l'acte d'observació o mesura afecta inevitablement allò que s'està observant. Alguns punts clau sobre aquesta cita són:

1. Subjectivitat en la ciència: Suggereix que la nostra comprensió de la naturalesa està inevitablement influenciada pels mètodes i instruments que utilitzem per estudiar-la.

1. Límits del coneixement: Implica que hi ha límits inherents al nostre coneixement de la realitat "objectiva".
2. Relació observador-observat: En mecànica quàntica, l'observador no pot ser separat completament del sistema observat.
3. Filosofia de la ciència: Planteja qüestions profundes sobre la naturalesa del coneixement científic i la relació entre teoria i realitat.

2.2.3. Reconciliació de perspectives subjectives i objectives

LA TENSIÓ ENTRE AQUESTES perspectives subjectives i objectives de l'instant planteja preguntes ontològiques que han generat diversos intents de reconciliació.

Henri Bergson (1859-1941) va argumentar que la veritable naturalesa del temps només pot ser captada a través de l'experiència directa, i que les descripcions científiques, tot i ser útils, no capten l'essència del temps viscut. En la seva obra "Duració i Simultaneïtat", Bergson escriu:

"La ciència no pot tractar el temps sense convertir-lo en espai i sense aplicar-hi la idea de mesura, que és espacial. L'experiència pura i simple no coneix ni mesura ni espai."[39]

Aquesta perspectiva suggereix que l'instant, en la seva realitat més profunda, pot ser inaccessible als mètodes científics convencionals. Per tant, veiem aquí una crítica directa a la ciència: Bergson argumenta que aquesta, en el seu intent de comprendre el temps, el transforma en quelcom que pot ser mesurat i quantificat, essencialment convertint-lo en una dimensió espacial. Altres aspectes rellevants serien:

a. Temps vs. Espai: Per a Bergson, hi ha una distinció fonamental entre el temps real (que ell anomena "duració") i l'espai. La ciència, segons ell, tracta el temps com si fos espai.

b. Experiència pura: Bergson sosté que la nostra experiència directa i immediata del temps (la "duració pura") és qualitativament diferent de la concepció científica del temps.

c. Límits de la mesura: Suggereix que l'acte de mesurar el temps inevitablement el distorsiona, ja que la mesura és essencialment un concepte espacial.

d. Crítica al temps homogeni: Bergson s'oposa a la idea d'un temps uniforme i mesurable, argumentant que aquesta és una abstracció que s'allunya de l'experiència real del temps.

En conclusió, Bergson subratlla la importància de l'experiència viscuda i la naturalesa qualitativa del temps entès com a "duració".

D'ALTRA BANDA, FILÒSOFS com Bertrand Russell (1872-1970) han defensat una visió més objectivista, argumentant que la nostra experiència subjectiva del temps pot ser enganyosa i que hem de confiar en descripcions científiques més rigoroses. Aquesta perspectiva suggereix que l'instant, com a entitat ontològica, pot ser millor entès a través de models matemàtics i físics que a través de l'experiència subjectiva.

Un intent de reconciliació interessant prové de la fenomenologia naturalitzada, un enfocament que busca integrar les perspectives fenomenològiques amb les ciències cognitives. Francisco Varela (1946-2001), en el seu treball sobre la neurofenomenologia, proposa:

"La ment no es troba en cap lloc, i és en aquest sentit que cognició i món sorgeixen junts."[40]

Aquesta visió suggereix que l'instant podria ser entès com una co-emergència de l'experiència subjectiva i els processos neuronals objectius. Aquesta hipòtesi ens planteja les següents implicacions:

1. Realitat de l'instant: La tensió entre experiència subjectiva i la descripció objectiva planteja la pregunta de si l'instant és una entitat real o simplement una construcció útil per a la nostra comprensió del temps.
2. Límits del coneixement: Aquesta discussió apunta als límits potencials del nostre coneixement sobre la naturalesa del temps i l'instant. Pot ser que certes aspectes de l'instant siguin inaccessibles tant a l'experiència subjectiva com a la mesura objectiva?
3. Integració de perspectives: La tensió entre subjectivitat i objectivitat en la comprensió de l'instant suggereix la necessitat d'un enfocament integrat que pugui incorporar tant l'experiència viscuda com les descripcions científiques.
4. Implicacions ètiques i existencials: La manera com concebem l'instant, ja sigui com a experiència subjectiva o com a realitat objectiva, pot afectar la manera com entenem la nostra existència i com prenem decisions ètiques.
5. Noves direccions de recerca: Aquesta tensió obre noves vies per a la investigació interdisciplinària, convidant a la col·laboració entre filòsofs, científics cognitius, físics i altres disciplines per abordar la naturalesa complexa de l'instant.

En conclusió, la relació entre la percepció subjectiva i l'existència objectiva de l'instant continua sent un dels reptes centrals en l'ontologia del temps. Aquesta tensió no només és un problema teòric, sinó que és cabdal per a la nostra comprensió de la realitat, la consciència i la nostra pròpia existència en el temps.

2.3. Teories del temps i la seva influència en la concepció de l'instant.

LA MANERA COM CONCEBEM el temps té un impacte directe en la nostra comprensió de l'instant. Les diverses teories del temps que s'han desenvolupat al llarg de la història de la filosofia i la física ofereixen perspectives diferents sobre la naturalesa de l'instant, la seva realitat i la seva relació amb el passat i el futur.

En aquesta secció, explorarem tres grans dicotomies en les teories del temps: el presentisme versus l'eternalisme, la teoria B del temps en contrast amb altres concepcions, i la visió cíclica versus la lineal del temps. Cadascuna d'aquestes perspectives teòriques aporta una visió única sobre l'ontologia de l'instant i les seves implicacions filosòfiques i científiques.

2.3.1. Teories presentistes vs. eternalistes

EN EL COR DE LA FILOSOFIA del temps, trobem un debat fonamental entre dues perspectives aparentment irreconciliables: el presentisme i l'eternalisme. Aquesta discussió no és merament acadèmica; té profundes implicacions per a la nostra comprensió de la realitat, la naturalesa del canvi i, crucialmente, la concepció de l'instant.

El presentisme sosté que només el present existeix. Segons aquesta visió, el passat ja no és real i el futur encara no ho és. L'únic que podem considerar genuïnament existent és l'instant present. Aquesta perspectiva es relaciona fortament amb la nostra experiència quotidiana del temps. Quan diem "ara", sentim que estem assenyalant alguna cosa única i fugaç, una realitat que constantment s'esmuny entre els nostres dits conceptuals.

Els defensors del presentisme[41] argumenten que aquesta teoria ofereix una explicació més simple i intuïtiva de la realitat temporal. Sostenen que captura millor la nostra sensació del pas del temps i la "tensió" temporal que tots experimentem. A més, el presentisme sembla alinear-se bé amb la noció d'un futur obert i no determinat, deixant espai per al lliure albir i la contingència.

No obstant això, el presentisme no està exempt d'objeccions. Com podem, per exemple, donar compte de la veritat de les afirmacions sobre el passat si aquest ja no existeix? I com podem entendre la causalitat si els esdeveniments passats que suposadament causen els presents ja no són reals? Aquests problemes han portat a molts filòsofs a buscar alternatives.

Aquí és on entra en joc l'eternalisme. Aquesta teoria proposa que passat, present i futur existeixen igualment. Des d'aquesta perspectiva, tots els moments del temps són igualment reals. L'instant, en lloc de ser l'única realitat, es converteix simplement en un punt més en una línia temporal estàtica.

Un autor important que defensa l'eternalisme és J.M.E. McTaggart, especialment conegut pel seu treball sobre la filosofia del temps. McTaggart argumenta que el temps, tal com normalment el concebem (en termes de passat, present i futur), és irreal. A la seva obra The Unreality of Time (1908), McTaggart divideix el temps en dues sèries principals:

-Sèrie A: Aquesta és la perspectiva tradicional del temps, en la qual els esdeveniments es classifiquen com a passats, presents o futurs. Aquesta perspectiva està constantment canviant, ja que el que és present es converteix en passat, i el futur es converteix en present. Segons McTaggart, la sèrie A implica una contradicció perquè els esdeveniments passen constantment per les tres categories, la qual cosa ell considera incoherent.

-Sèrie B: Aquesta perspectiva no classifica els esdeveniments en termes de passat, present o futur, sinó com a relacions fixes d'abans i després. Els esdeveniments es troben ordenats de manera permanent en una línia temporal, i no canvien la seva posició en relació amb altres esdeveniments. Per exemple, l'any 2000 sempre serà anterior al 2020, sense cap canvi en aquesta relació. Segons McTaggart, aquesta és l'única manera coherent de pensar en el temps, ja que no implica els canvis contradictoris de la sèrie A.

En resum, la sèrie B representa una visió eternalista del temps, on tots els esdeveniments són fixos en una estructura temporal atemporal, i no hi ha un "present" que canviï contínuament, com passa en la sèrie A:

"The distinctions of past, present, and future are essential to time, but they involve contradictions, and therefore time cannot be real."[42]

L'eternalisme troba un punt de suport en la teoria de la relativitat especial d'Einstein, que qüestiona la idea d'un present universal. Si la simultaneïtat és relativa a l'observador, com podem parlar d'un "ara" objectiu? A més, l'eternalisme ofereix una explicació elegant de com poden ser veritables les afirmacions sobre el passat i el futur, i proporciona una base sòlida per entendre les relacions causals i la persistència dels objectes en el temps.

Finalment, cal no confondre l'eternalisme amb la teoria de l'etern retorn. L'eternalisme, tal com és descrit per la sèrie B de McTaggart, no implica que els fets es repeteixin eternament. En lloc d'això, suggereix que tots els esdeveniments existeixen de manera fixa en el temps, en una estructura temporal permanent. Això vol dir que els esdeveniments passats, presents i futurs ja "existeixen" en algun lloc de la línia temporal, però no es "repeteixen" o "tornen a passar". Cada fet és fix i no es repeteix infinitament. Per exemple, segons aquesta visió, l'any 2000 no es repeteix en bucles, sinó que simplement ocupa una posició fixa en el temps. Des de la perspectiva eternalista, el temps s'assembla més a una pel·lícula, on tots els esdeveniments estan registrats d'una vegada per totes, i un observador podria "veure" qualsevol moment des de diferents perspectives. Així, els esdeveniments no canvien ni es repeteixen, sinó que sempre estan ordenats de manera permanent en la línia temporal, sense necessitat de passar una vegada i una altra. Per tant, l'eternalisme no implica repetició de fets, sinó una co-existència fixa de tots els esdeveniments en la línia del temps, on el "canvi" o el "flux" del temps és una il·lusió de la nostra consciència.

J.J.C. SMART, UN ALTRE defensor prominent de la teoria B del temps, defensa que el pas del temps és una il·lusió i que només l'extensió temporal és real. Segons aquesta visió, la nostra sensació d'un present mòbil és una característica de la nostra experiència, no del món físic.

Malgrat la seva elegància teòrica, l'eternalisme també enfronta dificultats. Per exemple, com podem explicar la nostra profunda experiència subjectiva del pas del temps si tots els moments existeixen igualment? I quines implicacions té aquesta visió per al concepte de lliure albir, si tots els esdeveniments, inclosos els nostres futurs actes de voluntat, ja "existeixen" en algun sentit?

La tensió entre el presentisme i l'eternalisme il·lustra com diferents concepcions del temps poden conduir a visions radicalment diferents de la naturalesa de l'instant i la realitat temporal en general. En el presentisme, l'instant adquireix un estatus ontològic únic i privilegiat. En l'eternalisme, l'instant es converteix en un punt més en una estructura temporal més àmplia, sense privilegi ontològic especial.

Resumint:

· Presencialistes: Només el present és real. El passat i el futur no existeixen.

· Eternalistes: Passat, present i futur existeixen tots alhora. Tot el temps és real.

· Teoria B: El temps és una sèrie de moments ordenats, tots igualment reals, sense privilegiar-ne cap com a "present".

2.3.2. Temps cíclic vs. temps lineal

QUAN PENSEM EN EL TEMPS, sovint ens l'imaginem com una línia recta que s'estén infinitament cap al passat i el futur. Aquesta és la concepció lineal del temps, profundament arrelada en el pensament occidental modern. Però no és l'única manera de concebre el temps. Al llarg de la història i en diverses cultures, ha existit una altra visió alternativa: la del temps cíclic.

La idea del temps lineal ens és familiar. És la noció que els esdeveniments succeeixen en una seqüència irreversible, del passat al present i cap al futur. Cada moment és únic i irrepetible. Aquesta visió està estretament lligada a la idea de progrés, tan central en el pensament occidental des de la Il·lustració. Implica que la història té una direcció, que avancem cap a algun tipus de futur, sigui millor o pitjor.

Per altra banda, la concepció cíclica del temps suggereix que els esdeveniments es repeteixen en cicles. Aquesta idea està present en moltes cultures antigues i en algunes filosofies orientals. En aquesta visió, el temps no és una línia recta, sinó més aviat un cercle o una espiral. Els esdeveniments, les èpoques, potser fins i tot les vides, es repeteixen en un patró etern.

La concepció cíclica del temps es pot trobar en diverses formes. En l'hinduisme i el budisme, per exemple, hi ha la idea del "samsara", el cicle de naixement, mort i renaixement. En l'antiga Grècia, filòsofs com els estoics parlaven de l'"eterna recurrència", la idea que l'univers es repeteix en cicles infinits.

Fins i tot en el pensament occidental modern, la idea del temps cíclic ha tingut els seus defensors. Friedrich Nietzsche, per exemple, va explorar la idea de l'"etern retorn", suggerint que si el temps és infinit i en canvi la força i la matèria de l'univers són finites, inevitablement tots els esdeveniments es repetirien infinitament. Analitzem en detall aquesta argumentació nietzschiana:

1. Premissa 1: La força en l'univers és finita
    Aquest és un supòsit metafísic que no és evidentment verificable, però és possible que es basi en la idea que l'energia (o la "força") total de l'univers està limitada. D'acord amb les lleis de la termodinàmica, l'energia no es crea ni es destrueix, només es transforma. Si acceptem que la quantitat total d'energia en l'univers és finita, aquesta premissa pot ser raonablement sostenible des d'una perspectiva científica.

2. Premissa 2: El temps és infinit
    Aquesta premissa pressuposa que el temps continuarà indefinidament sense un final, una hipòtesi que, des d'un punt de vista cosmològic, és debatuda. Tot i això, si s'accepta aquesta afirmació com a vàlida per l'argument, ens col·loca en una situació on el temps continua indefinidament mentre l'energia (força) és finita.

3. Premissa 3: Les combinacions de la força per generar experiències són finites
    Aquí, l'argument assumeix que les formes en què l'energia es pot combinar en l'univers per crear esdeveniments o fenòmens és limitada. Aquesta és una afirmació especulativa que podria ser discutida, però que, si la considerem en un univers finit en recursos, partícules, forces i lleis físiques, pot tenir sentit. El nombre de combinacions possibles de partícules i energies seria limitat, especialment si assumim un univers determinista, on les lleis físiques determinen com s'organitzen aquestes forces.

4. Conclusió: Les combinacions finites en un temps infinit es repetiran
    Aquesta conclusió deriva correctament de les premisses anteriors. Si el conjunt de combinacions és finit i el temps és infinit, totes les possibles combinacions s'han de repetir, perquè no hi ha més maneres noves de combinar la força.

Aquest és el cor de la idea de l'etern retorn: la repetició infinita dels mateixos esdeveniments o configuracions.

5. Conclusió addicional: Tot es repetirà infinites vegades
Aquesta afirmació és la darrera conclusió del raonament i sembla coherent dins de l'esquema proposat. Si les combinacions són finites i el temps és infinit, no només es repetiran una o moltes vegades, sinó que es repetiran un nombre infinit de vegades.

Anàlisi crítica

• Simplificació de la realitat física: L'argument suposa un univers amb condicions estables (on les lleis físiques i les condicions de l'univers no canvien amb el temps). No obstant això, alguns models cosmològics suggereixen que l'univers podria experimentar canvis irreversibles, com la mort tèrmica o l'expansió indefinida, que podrien evitar aquesta repetició infinita d'esdeveniments.

• Implicacions filosòfiques: Nietzsche utilitza l'etern retorn no només com una hipòtesi cosmològica, sinó també com una reflexió existencial. El teu argument, tot i ser coherent des d'un punt de vista lògic, està arrelat més en una especulació física que en la dimensió ètica i personal que Nietzsche volia explorar amb aquest concepte.

Conclusió

L'argument és coherent dins de la seva pròpia lògica, sempre que acceptem les premisses inicials. Tanmateix, l'aplicabilitat d'aquest raonament depèn de si considerem vàlides o no les afirmacions sobre la finitud de la força i la infinitud del temps, que són idees no demostrades i que depenen d'hipòtesis cosmològiques que encara no estan resoltes plenament per la ciència. Així mateix, no contempla possibles canvis irreversibles en l'univers que podrien trencar aquesta repetició infinita.

Sigui com sigui, la teoria de l'etern retorn de Nietzsche ens defensa la idea de l'instant etern, no perquè no s'acabi mai (cosa que faria impossible l'aparició d'altres instants, d'altres successos) sinó perquè es repeteix sense fi.

Com veiem, aquestes diferents concepcions del temps tenen implicacions decisives per a com entenem l'instant. En una visió lineal, cada instant és únic i irrecuperable. Una vegada ha passat, mai més tornarà. Això pot donar a cada moment un sentit d'urgència i importància.

En una visió cíclica, per altra banda, cada instant podria ser vist com a part d'un patró que es repeteix. Aquesta idea podria portar a una perspectiva diferent sobre la vida i les nostres accions. Si tot tornarà a succeir contínuament, quin significat té el que fem ara?

És important notar que aquestes visions no són per força mútuament excloents. Algunes cultures han combinat elements d'ambdues. Per exemple, en algunes interpretacions del pensament maia, el temps es concep com a cíclic en un sentit ampli, però amb una progressió lineal dins de cada cicle.

En la física moderna, la qüestió de si el temps és cíclic o lineal pren noves dimensions. Alguns models cosmològics suggereixen la possibilitat d'un univers cíclic, que s'expandeix i es contrau repetidament. Altres teories, com la de l'expansió accelerada de l'univers, semblen apuntar més cap a una visió lineal.

La tensió entre aquestes dues concepcions del temps continua influint en com pensem sobre el passat, el present i el futur. Afecta a com entenem la història, com valorem els nostres actes en el present i com imaginem el futur.

En última instància, la manera com concebem el temps -ja sigui com una línia recta o com un cicle etern- té profundes implicacions per a com entenem la nostra vida i el nostre lloc en l'univers. Influeix en com donem sentit a les nostres vides i com afrontem les grans qüestions de l'existència, el canvi i la permanència.

2.4. L'instant des de la perspectiva de la física moderna

LA FÍSICA MODERNA HA revolucionat la nostra comprensió del temps i, per extensió, de l'instant. Les teories desenvolupades al llarg del segle XX i principis del XXI posen en qüestió d'una manera radical les nostres intuïcions quotidianes sobre la naturalesa del temps.

La teoria de la relativitat especial d'Einstein, publicada al 1905, va ser el primer gran terratrèmol en la nostra concepció del temps. Einstein va demostrar que el temps no és absolut, sinó que depèn del marc de referència de l'observador. Això significa que dos observadors en moviment relatiu l'un respecte a l'altre experimentaran el pas del temps de manera diferent. Aquest fenomen, conegut com a dilatació del temps, ha estat confirmat experimentalment nombroses vegades.

Però què significa això per a l'instant? En la relativitat especial, la idea d'un instant universal, un "ara" que sigui el mateix per a tots els observadors de l'univers, simplement no existeix. El que és simultani per a un observador pot no ser-ho per a un altre. Això implica que l'instant, tal com el concebem intuïtivament, perd el seu caràcter absolut.

La teoria de la relativitat general, publicada per Einstein el 1915, va més enllà. Ens mostra que el temps està intrínsecament lligat a l'espai, formant un continu anomenat espai-temps. La presència de massa i energia corba aquest espai-temps, afectant no només el moviment dels objectes, sinó també el flux del temps mateix. Prop d'objectes molt massius, com els forats negres, el temps flueix més lentament que en l'espai profund.

En aquest context, l'instant es converteix en un concepte encara més elusiu. Ja no podem parlar d'un instant universal, sinó d'esdeveniments en l'espai-temps. La separació entre espai i temps, tan clara en la nostra experiència quotidiana, es difumina en les equacions de la relativitat general.

La mecànica quàntica, l'altra gran revolució de la física del segle XX, aporta una perspectiva encara més desconcertant sobre l'instant. En el món quàntic, el principi d'incertesa de Heisenberg estableix límits fonamentals en la precisió amb què podem mesurar certes parelles de propietats físiques, com la posició i el moment d'una partícula, o l'energia i el temps.

Aquest principi suggereix que, a escales molt petites, el concepte d'instant perd sentit. No podem parlar d'un moment precís en què ocorre un esdeveniment quàntic. En lloc d'això, tenim una superposició de possibilitats que es resol només quan es realitza una mesura.

Més recentment, les teories que intenten unificar la relativitat general i la mecànica quàntica, com la teoria de cordes i la gravetat quàntica de bucles, han proposat idees encara més radicals sobre la naturalesa del temps i l'instant. Algunes d'aquestes teories suggereixen que el temps podria ser una propietat emergent, no fonamental, de l'univers. Altres proposen que a les escales més petites, el temps podria ser discret, compost de "quants de temps" indivisibles. Resumint, podem esmentar tres referent actuals d'aquestes teories:

Carlo Rovelli i la gravetat quàntica de bucles: Carlo Rovelli és un dels líders en la teoria de la gravetat quàntica de bucles (Loop Quantum Gravity, LQG). Aquesta teoria proposa que l'espai-temps és discret a escales petites, com la longitud de Planck, i suggereix que el temps podria no ser fonamental, sinó una propietat emergent d'interaccions més bàsiques. El llibre de Rovelli Quantum Gravity (2004) explora aquests conceptes en profunditat. [43]

Lee Smolin i la idea del temps discret: Lee Smolin ha contribuït molt a la gravetat quàntica i ha discutit àmpliament la possibilitat que el temps i l'espai siguin discrets. En el seu llibre Three Roads to Quantum Gravity (2001), Smolin discuteix la naturalesa quàntica de l'espai-temps i com podria estar compost de "quants" a escales petites.[44]

Edward Witten i la teoria de cordes: Edward Witten, un dels teòrics més prominents en la teoria de cordes, ha discutit la possibilitat que el temps i l'espai siguin emergents d'estructures més fonamentals, com les cordes. En el seu article "Reflections on the Fate of Spacetime" (1996), publicat a Physics Today, esmenta aquestes idees sobre la natura de l'espai-temps.[45]

Cal destacar que moltes d'aquestes idees són encara especulatives i estan en els límits del nostre coneixement actual. No obstant això, el que és clar és que la física moderna ens obliga a repensar la nostra concepció de l'instant. Lluny de ser un punt inequívoc en una línia temporal universal, l'instant es revela com un concepte complex i relatiu. Depenent del marc de referència, es troba entrellaçat amb l'espai, però a escales més petites, es difumina en una boira d'incertesa quàntica.

2.4.1. Relativitat i la relativitat de la simultaneïtat

LA TEORIA DE LA RELATIVITAT especial d'Einstein (1905) va revolucionar la nostra comprensió del temps i l'espai. Un dels seus conceptes més sorprenents i contraintuïtius és la relativitat de la simultaneïtat.

En la física newtoniana clàssica, es donava per fet que si dos esdeveniments eren simultanis per a un observador, ho serien per a tots els observadors, independentment del seu moviment. Einstein va demostrar que això no és cert.

La relativitat de la simultaneïtat estableix que dos esdeveniments que són simultanis en un marc de referència poden no ser-ho en un altre marc de referència que es mou respecte al primer. En altres paraules, la simultaneïtat no és absoluta, sinó relativa al marc de referència de l'observador.

Per entendre això, imaginem un exemple clàssic:

Suposem que tenim un tren llarg movent-se a gran velocitat. Al mig del tren hi ha un observador. Exactament en el moment en què el centre del tren passa per davant d'un observador que està a l'andana, es produeixen dos llampecs, un a cada extrem del tren.

Per a l'observador de l'andana, si la llum dels dos llampecs li arriba al mateix temps, conclourà que els llampecs van ser simultanis, ja que està equidistant dels dos punts on es van produir.

No obstant això, per a l'observador dins del tren, la situació és diferent. Com que el tren està en moviment, aquest observador es mou cap a la llum provinent del llampec davanter i s'allunya de la llum del llampec posterior. Per tant, veurà primer la llum del llampec davanter i després la del posterior, concloent que els llampecs no van ser simultanis.

Ambdós observadors tenen raó des del seu propi marc de referència. No hi ha un marc de referència "correcte" o privilegiat.

Aquesta relativitat de la simultaneïtat té grans implicacions per a la nostra concepció de l'instant. Suggereix que no hi ha un "ara" universal que sigui el mateix per a tots els observadors de l'univers. El que és "ara" per a un observador pot ser "abans" o "després" per a un altre observador en moviment relatiu.

Aquest fet contradiu la nostra intuïció d'un temps absolut i d'un instant universal. En la relativitat, l'instant es converteix en un concepte local, dependent del marc de referència de l'observador.

És important indicar que aquests efectes només són significatius a velocitats properes a la de la llum. En la nostra experiència quotidiana, on les velocitats relatives són molt menors, la diferència en la simultaneïtat és tan petita que no la notem. Això explica per què la nostra intuïció newtoniana del temps funciona bé en la vida diària, tot i no ser estrictament correcta.

La relativitat de la simultaneïtat és més que una curiositat teòrica. Té implicacions pràctiques en tecnologies com el GPS, on els efectes relativistes han de ser tinguts en compte per a obtenir una precisió adequada.

En resum, la relativitat de la simultaneïtat ens mostra que l'instant, lluny de ser un concepte absolut i universal, és relatiu i dependent de l'observador, cosa que ens obliga a repensar la nostra concepció del temps i de la realitat mateixa.

2.4.2. Mecànica quàntica i indeterminació temporal

LA MECÀNICA QUÀNTICA, desenvolupada en la primera meitat del segle XX, ofereix una visió del món radicalment diferent de la física clàssica. Un dels seus aspectes més intrigants és com tracta el temps i, per extensió, l'instant.

El principi d'incertesa de Heisenberg[46], un pilar fonamental de la mecànica quàntica, té implicacions profundes per a la nostra comprensió del temps. Aquest principi estableix que hi ha límits fonamentals en la precisió amb què podem mesurar simultàniament certes parelles de propietats físiques, com la posició i el moment d'una partícula.

Una versió menys coneguda però igualment important d'aquest principi es refereix a l'energia i el temps. Estableix que:

$\Delta E * \Delta t \geq \hbar/2$

On ΔE és la incertesa en l'energia, Δt és la incertesa en el temps, i $\hbar$ és la constant de Planck reduïda.

Què significa això per a l'instant? Suggereix que, a escales molt petites, no podem definir un instant precís per a un esdeveniment quàntic si volem conèixer amb precisió l'energia involucrada. Com més precisament intentem determinar quan ocorre un esdeveniment, més incerta es torna l'energia implicada, i viceversa.

Aquesta indeterminació temporal comporta les següents implicacions:

1. Instant difús: A nivell quàntic, l'instant es torna "difús". No podem parlar d'un moment precís en què ocorre un esdeveniment quàntic.

1. Fluctuacions quàntiques: En intervals de temps molt curts,

l'energia d'un sistema pot fluctuar significativament degut a aquesta indeterminació.

2. Partícules virtuals: Aquesta indeterminació permet l'existència de les anomenades "partícules virtuals" que poden aparèixer i desaparèixer en intervals de temps molt curts.

3. Efecte túnel: Fenòmens com l'efecte túnel quàntic, on una partícula pot travessar una barrera que clàssicament seria impenetrable, són possibles gràcies a aquesta indeterminació temporal.

A més, en mecànica quàntica, el temps es tracta de manera diferent que en la física clàssica. Mentre que en la mecànica clàssica el temps és un paràmetre extern que marca l'evolució d'un sistema, en mecànica quàntica el temps està integrat en l'equació d'ona de Schrödinger[47], que descriu l'evolució dels estats quàntics.

Un altre aspecte a considerar és el concepte de superposició quàntica. Un sistema quàntic pot existir en una superposició de diferents estats fins que es realitza una mesura. Aquest fet planteja preguntes rellevants sobre la naturalesa de l'instant: quan ocorre realment un esdeveniment quàntic? En el moment de la superposició o en el moment de la mesura?

La interpretació de Copenhaguen[48], una de les interpretacions més acceptades de la mecànica quàntica, suggereix que un sistema quàntic no té propietats definides fins que es realitza una mesura. Aquest fet podria implicar que l'instant en què ocorre un esdeveniment quàntic no està ben definit fins que interactuem amb el sistema.

És important notar que aquestes idees són contraintuïtives i posen a prova la nostra concepció clàssica del temps i de l'instant. No obstant això, la mecànica quàntica ha demostrat ser una teoria extremadament precisa i exitosa en les seves prediccions.

En resum, la mecànica quàntica i la indeterminació temporal ens mostren que, a les escales més petites de la realitat, l'instant perd la seva definició precisa. Es converteix en un concepte fluid i probabilístic, posant en qüestió la nostra intuïció clàssica d'un temps continu i objectivament definit.

2.4.3. Teories de la gravetat quàntica i el temps discret

LES TEORIES DE LA GRAVETAT quàntica intenten reconciliar dos pilars fonamentals de la física moderna: la teoria de la relativitat general i la mecànica quàntica. Aquesta reconciliació és un dels grans reptes de la física contemporània, i les propostes que han sorgit tenen implicacions decisives per a la nostra comprensió del temps i l'instant.

Una de les idees més sorprenents que han emergit d'alguns enfocaments de la gravetat quàntica és la possibilitat que el temps sigui discret a escales extremadament petites, en lloc de continu com l'experimentem en la nostra vida quotidiana.

La gravetat quàntica de bucles (LQG)[49] és una teoria que busca combinar la mecànica quàntica amb la relativitat general d'Einstein, per explicar la gravetat a escala quàntica, és a dir, com funciona la gravetat a nivells molt petits, com dins els forats negres o just després del Big Bang. Defensa l'existència d'una unitat mínima de temps, sovint anomenada "temps de Planck". Aquest seria l'interval de temps més curt que tindria sentit físic, aproximadament 10^{-44} segons. Per posar aquesta xifra en perspectiva, és molt més curt que el temps que triga la llum a travessar el nucli d'un àtom.

Què implicaria un temps discret per a la nostra comprensió de l'instant?

1. No hi hauria instants "entre" aquests quants de temps. L'instant es convertiria en una unitat indivisible, com un píxel en una imatge digital.

1. El flux del temps es podria concebre com una successió

d'aquests instants discrets, com els fotogrames d'una pel·lícula.

2. La noció d'un "ara" infinitesimalment petit perdria sentit. L'"ara" tindria una durada mínima definida.

3. Paradoxes de Zenó, com la de la fletxa, podrien resoldre's en aquest marc: el moviment ocorreria en "salts" discrets mínims.

A més del temps discret, altres propostes de gravetat quàntica suggereixen idees encara més radicals:

• Temps emergent: Algunes teories proposen que el temps no és fonamental, sinó que emergeix d'estructures més bàsiques a nivell quàntic.[50]

• Superposició d'espai-temps: En analogia amb la superposició quàntica, alguns models suggereixen que podrien existir superposicions de diferents geometries espai-temporals.[51]

• Causalitat quàntica: La noció clàssica de causalitat podria modificar-se a escales quàntiques, afectant la nostra comprensió de la successió temporal.[52]

Aquestes idees posen a prova radicalment la nostra intuïció sobre el temps i l'instant. Suggereixen que la nostra experiència del temps com un flux continu podria ser una aproximació macroscòpica d'una realitat molt més complexa i aliena a escales microscòpiques.

En resum, les teories de la gravetat quàntica, en el seu intent de reconciliar la relativitat general amb la mecànica quàntica, ens ofereixen visions radicalment noves sobre la naturalesa del temps i l'instant. La idea d'un temps discret, en particular, representa un repte per a la nostra concepció intuïtiva del temps i obre noves vies per a la comprensió de l'estructura fonamental de la realitat.

2.5. Anàlisi matemàtica de l'instant

L'ANÀLISI MATEMÀTICA de l'instant ens porta a considerar com les matemàtiques conceptualitzen el temps i, en particular, com modelitzen un punt en el temps. Aquesta anàlisi és fonamental no només per a les matemàtiques pures, sinó també per a la física teòrica i altres disciplines que depenen de models matemàtics del temps.

En matemàtiques, l'instant es conceptualitza típicament com un punt en una línia que representa el temps. Aquesta línia es modelitza com un continu, específicament com el conjunt dels nombres reals. Cada nombre real correspon a un "instant" en aquest model.

Aquesta representació té diverses implicacions importants:

- Continuïtat: El temps es considera continu. Entre qualsevol parell d'instants, sempre hi ha infinits instants intermedis.

- Densitat: No hi ha "buits" en el temps. Qualsevol interval de temps, per petit que sigui, conté infinits instants.

- Ordre: Els instants tenen un ordre definit, corresponent a l'ordre dels nombres reals.

- Mesurabilitat: Podem assignar una "distància" entre dos instants, que correspon a la diferència numèrica entre ells.

El càlcul diferencial i integral, desenvolupat per Newton i Leibniz, ens proporciona eines poderoses per treballar amb aquesta conceptualització de l'instant. Un concepte clau en aquest context és el de límit, que ens permet entendre què passa quan ens apropem cada cop més a un instant concret.

Comprenent els límits de manera intuïtiva

Podem pensar en el concepte de límit com la idea d'apropar-nos a un punt concret d'una funció a mesura que la variable s'acosta a un cert valor, encara que la funció no necessàriament hagi de prendre aquest valor en el punt. Per exemple, si volem saber quina és la velocitat exacta d'un cotxe en un moment precís, cal utilitzar el concepte de velocitat instantània. La velocitat mitjana es defineix com la distància recorreguda dividida pel temps total emprat a recórrer-la, però la velocitat instantània es refereix a la velocitat en un moment concret, la qual es calcula mitjançant el límit de la velocitat mitjana quan l'interval de temps tendeix a zero.

Si mesurem la distància recorreguda en intervals de temps cada cop més petits, obtindrem velocitats mitjanes cada cop més properes a la velocitat instantània en aquell punt. El límit ens permet formalitzar aquesta idea: ens ajuda a trobar la velocitat exacta en un instant quan considerem intervals de temps que tendeixen a zero. Encara que no puguem mesurar directament la velocitat en un instant precís a causa de les limitacions pràctiques, podem calcular quina seria aquesta velocitat gràcies al límit, que ens ofereix una eina rigorosa per descriure el comportament d'un sistema quan l'interval de temps es fa infinitament petit.

Aplicació dels límits en el càlcul diferencial

El càlcul diferencial estudia la taxa de canvi d'una funció en relació a una variable. La derivada és una eina matemàtica que ens permet calcular la taxa de canvi instantània d'una funció, és a dir, com de ràpid està canviant quelcom en un moment específic.

Tornant a l'exemple del cotxe, la derivada ens diu quina és la seva velocitat en un instant precís, basant-nos en com varia la seva posició a mesura que l'interval de temps tendeix a zero. Així, tot i que un instant no té durada, el concepte de límit ens permet parlar de com estan canviant les coses en aquell moment considerant intervals de temps cada cop més petits.

Límits en el càlcul integral

El càlcul integral és complementari al càlcul diferencial. Si el càlcul diferencial ens diu com canvien les coses en un instant, el càlcul integral ens permet sumar els efectes d'aquests canvis al llarg d'un interval de temps per obtenir un resultat acumulat. Mentre que el càlcul diferencial tracta les taxes de canvi instantànies, el càlcul integral suma quantitats infinitesimalment petites per obtenir una mesura total.

Per exemple, si volem saber quina quantitat total d'aigua ha entrat en un dipòsit durant un període en què el cabal varia constantment, no podem simplement multiplicar el cabal mitjà pel temps total. En comptes d'això, dividim el temps en intervals molt petits i sumem la quantitat d'aigua que entra en cadascun d'aquests intervals. Aquesta suma és una aproximació de la quantitat total, però a mesura que els intervals de temps es fan més petits, la nostra suma s'aproxima al valor real. El límit d'aquesta suma infinitesimalment petita és el que anomenem integral definida, que ens dona el valor total exacte.

Resolent la paradoxa dels instants sense durada

Una qüestió interessant que sorgeix és: com pot ser que un conjunt infinit d'instants sense durada formi un interval de temps amb durada finita? La resposta rau en el fet que, tot i que cada instant individualment no té durada, el conjunt continu d'infinits instants al llarg d'un interval genera una totalitat amb durada finita.

Podem imaginar-ho com una línia contínua formada per una infinitat no numerable de punts. Tot i que cap punt individualment té longitud, la densitat infinita de punts al llarg de la línia dona com a resultat una longitud definida. De manera similar, un interval de temps està format per un conjunt infinit no numerable d'instants, i tot i que cap instant no té durada, l'interval en el seu conjunt té una mesura finita.

Altres perspectives matemàtiques sobre l'instant

Anàlisi no estàndard: Aquesta branca de les matemàtiques utilitza el concepte d'infinitesimals, que són nombres infinitament petits però diferents de zero. Aquestes quantitats són més petites que qualsevol nombre real positiu, però no són exactament iguals a zero. L'anàlisi no estàndard ens permet treballar amb idees de canvi i moviment a una escala infinitament petita de manera més intuïtiva, oferint una alternativa rigorosa al càlcul tradicional basat en límits.[53]

Lògica temporal: Es tracta d'un marc que ens permet raonar sobre les relacions temporals entre esdeveniments sense necessitat de quantificar el temps amb precisió. Amb operadors com "sempre" o "eventualment", la lògica temporal és especialment útil per entendre l'ordre dels esdeveniments i és àmpliament utilitzada en informàtica per analitzar la correcta execució de programes i sistemes dinàmics.[54]

En física teòrica, especialment en algunes teories de la gravetat quàntica, es planteja que el temps i l'espai podrien ser discrets a escales molt petites, com l'escala de Planck. Això significa que, a nivells fonamentals, l'espai-temps podria estar format per unitats indivisibles, similars als píxels en una pantalla, però immensament petits.[55] Aquestes idees requereixen noves eines matemàtiques, com les xarxes espai-temps o els grafos de spin, i posen en dubte la nostra comprensió tradicional del temps com a continu.

Conclusió

L'anàlisi matemàtica de l'instant ens proporciona una comprensió profunda de com podem treballar amb el concepte del temps en matemàtiques i ciències. Mitjançant idees com els límits, els infinitesimals, la lògica temporal i les teories discretes de la física, som capaços de descriure com canvien les coses en instants precisos i com aquests canvis s'acumulen al llarg del temps. Alhora, aquestes perspectives ens porten a reflexionar sobre la naturalesa del temps i l'instant, explorant les subtileses i paradoxes que sorgeixen en aquests conceptes fonamentals.

3. LA PARADOXA DE L'INSTANT ETERN: PERCEPCIÓ DEL PRESENT EN UN MÓN DE FLUX CONTINU

Mentre que anteriorment hem explorat el concepte del present com a instant aïllat, en aquest capítol ens endinsarem en una paradoxa encara més profunda: la noció de l'instant etern. Aquest concepte va més enllà de la mera isolació temporal; suggereix una experiència on el present sembla expandir-se infinitament, transcendint les limitacions convencionals del temps.

L'instant etern no és simplement un moment desconnectat del flux temporal, sinó una experiència on el present sembla contenir en si mateix tota l'eternitat. Aquesta idea posa en qüestió no només la nostra comprensió del temps com a seqüència d'instants, sinó també la nostra concepció de la relació entre temporalitat i eternitat.

En contrast amb l'anàlisi prèvia de l'instant aïllat, aquí explorarem:

1. Les experiències subjectives úniques associades amb la percepció de l'instant etern, incloent estats alterats de consciència i experiències místiques.

1. Com aquest concepte s'ha manifestat en diverses expressions artístiques, oferint una perspectiva cultural i creativa que complementa les anàlisis filosòfiques i científiques anteriors.

2. Les implicacions d'aquesta paradoxa per a la nostra comprensió de la consciència, explorant com l'experiència de l'instant etern pot il·luminar aspectes de la ment humana que

van més enllà de la mera percepció temporal.

3. Les perspectives de la neurociència moderna sobre aquestes experiències, buscant entendre com el cervell pot generar la sensació d'un present que sembla abraçar l'eternitat.

Aquesta exploració busca aprofundir en les dimensions experiencials i culturals de la nostra relació amb el temps, complementant i expandint les anàlisis més teòriques i filosòfiques que hem realitzat anteriorment. En fer-ho, esperem obtenir una comprensió més rica i multifacètica de com els humans perceben i conceptualitzen el present en un univers caracteritzat pel canvi constant.

3.1. Conceptualització de l'instant etern

L'INSTANT ETERN ES presenta com una noció que contrasta amb la nostra comprensió habitual del temps. Aquest concepte es refereix a una experiència singular on el moment present adquireix una qualitat d'infinitud, transcendint les fronteres convencionals del temps. No es tracta simplement d'un instant aïllat, sinó d'una vivència on el present sembla expandir-se per abraçar tota l'existència.

La idea de l'instant etern ha captivat l'atenció de pensadors i místics al llarg de la història. Plató, en el seu diàleg "Timeu", va parlar d'un "ara etern", descrivint-lo com una imatge mòbil de l'eternitat.[56] Segles més tard, en el misticisme cristià, figures com Meister Eckhart van relatar experiències on el temps i l'eternitat semblaven convergir en un sol punt.[57] Les tradicions orientals també han explorat conceptes similars; en el budisme i l'hinduisme, estats de consciència com el "satori" o el "samadhi" es descriuen com moments que transcendeixen la percepció ordinària del temps.

En l'era moderna, filòsofs com Henri Bergson han aportat noves perspectives a aquesta idea antiga. Bergson va introduir el concepte de "duració pura", una experiència del temps que escapa a la mesura quantitativa i que es distingeix qualitativament del temps cronològic que regeix les nostres vides quotidianes.

La noció d'un instant etern porta en si mateixa una paradoxa evident: com pot quelcom ser alhora momentani i etern? Com pot un sol instant contenir o reflectir la totalitat del temps? Aquestes preguntes no són mers exercicis de lògica; apunten a les limitacions del nostre llenguatge i pensament conceptual per capturar certes experiències de consciència que semblen transcendir les categories habituals de temps i durada.

Aquesta conceptualització de l'instant etern ens obliga a reconsiderar la distinció que sovint fem entre temporalitat i eternitat. Suggereix la possibilitat d'una experiència del temps radicalment diferent de la nostra percepció quotidiana, on el present, el passat i el futur es fonen en una unitat indivisible. Alhora, planteja interrogants sobre la naturalesa de la consciència i la seva relació amb el temps.

En explorar aquest concepte, no busquem necessàriament resoldre aquestes paradoxes. Més aviat, les utilitzem com a punt de partida per aprofundir en la nostra comprensió de la percepció temporal i la consciència humana.

Conclusions:

1. L'instant etern no és simplement una curiositat filosòfica, sinó un fenomen que apunta a una possible discontinuïtat en la naturalesa del temps i la consciència.

2. L'existència d'experiències reportades d'instant etern suggereix que la consciència humana pot operar en modes temporals diferents del lineal habitual, indicant una flexibilitat cognitiva poc explorada.

3. La convergència entre les experiències subjectives de l'instant etern i certes teories físiques modernes suggereix que la nostra percepció quotidiana del temps pot ser una simplificació d'una realitat temporal molt més complexa.

4. El concepte d'instant etern posa de manifest la necessitat d'un nou marc conceptual i lingüístic per descriure i analitzar experiències temporals no lineals.

5. L'estudi de l'instant etern podria proporcionar perspectives valuoses sobre la relació entre el cervell, la consciència i el temps, obrint noves vies d'investigació en neurociència cognitiva.

3.2. Experiències de l'instant etern

LES EXPERIÈNCIES DE l'instant etern han estat reportades en diversos contextos, des de pràctiques espirituals fins a situacions extremes. Aquestes vivències es caracteritzen per una alteració profunda en la percepció del temps, on el present sembla expandir-se per abraçar una sensació d'eternitat.

1. Experiències místiques i religioses.

William James, en el seu influent treball "The Varieties of Religious Experience" (1902), documenta nombrosos casos d'experiències místiques que inclouen una percepció alterada del temps. Un exemple particularment vívid és el relat de J.A. Symonds:

"De sobte, en un moment, el temps semblava haver-se aturat... L'infinit entrava en mi amb una onada sobtada... Vaig sentir que havia arribat a la realitat plàstica de l'existència... L'univers sencer semblava haver-se convertit en un pur cristall sense temps."

1. Estats alterats de consciència.

La recerca moderna sobre estats alterats de consciència ha proporcionat evidències empíriques d'experiències similars. Roland Griffiths et al., en un estudi publicat a "Psychopharmacology" (2006) sobre experiències místiques induïdes per psilocibina, van recollir el següent testimoni:

"El temps es va aturar completament. Sentia que estava fora del temps i l'espai tal com els coneixem... Va ser com si tot el que havia passat i tot el que passaria estigués contingut en aquest moment."

1. Experiències properes a la mort (NDE):

Les NDE sovint inclouen relats d'una percepció radicalment alterada del temps. Pim van Lommel, en "Consciousness Beyond Life" (2010), cita el testimoni d'un pacient que va experimentar una aturada cardíaca:

"Vaig experimentar el començament i el final de l'univers i tot el que hi havia entremig... Tot estava passant alhora, i jo era tot i estava a tot arreu."

1.   Situacions d'alt estrès o perill:

Ja al segle XIX, el geòleg Albert Heim va documentar experiències temporals inusuals en alpinistes que havien sobreviscut a caigudes greus. En "Notizen über den Tod durch Absturz" (1892), cita:

"El temps es va allargar enormement... Pensaments i imatges es van succeir amb la rapidesa de la llum... Tot semblava alegre i bonic, sense dolor ni ansietat."

1.   Meditació profunda:

Les pràctiques meditatives sovint condueixen a experiències d'alteració temporal. Jack Kornfield, en "A Path with Heart" (1993), descriu:

"De sobte, el temps es va aturar. No hi havia passat ni futur, només un present etern... Cada respiració, cada sensació, semblava contenir tota l'eternitat."

1.   Experiències artístiques:

Fins i tot en contextos quotidians, alguns individus reporten experiències similars. Virginia Woolf, en "A Sketch of the Past" (1939), descriu:

"De sobte, alguna cosa va succeir... El temps s'atura. El moment actual és ple fins a vessar... És quan rebo... un xoc; en aquest moment vaig tenir una revelació d'alguna existència real darrere les aparences."

La neurociència moderna ha començat a investigar els correlats neuronals d'aquestes experiències. Un estudi de Marc Wittmann et al., publicat a "The Journal of Neuroscience" (2011), suggereix:

"L'activació de l'ínsula anterior es correlaciona amb la durada subjectiva del temps... suggerint un paper crucial d'aquesta regió en la percepció de la durada i la consciència del moment present."

Aquestes diverses fonts d'evidència permeten afirmar que l'experiència de l'instant etern no és un fenomen aïllat, sinó una capacitat latent de la consciència humana que pot emergir en diverses circumstàncies. La varietat de contextos en què es reporten aquestes experiències – des de la meditació profunda fins a situacions de perill extrem – indica que podrien estar relacionades amb mecanismes fonamentals de la consciència i la percepció temporal.

3.3. L'instant etern en la creació artística

LA NOCIÓ DE L'INSTANT etern ha inspirat i posat a prova artistes de diverses disciplines al llarg de la història. Aquesta secció explorarà com diferents formes d'art han intentat capturar o evocar l'experiència de l'instant etern.

1. Arts visuals:

La pintura i la fotografia sovint han buscat capturar moments que semblen transcendir el temps. Per exemple, el pintor surrealista Salvador Dalí va explorar la distorsió del temps en obres com "La persistència de la memòria" (1931). Dalí va comentar sobre aquesta obra:

"La tova distorsió del meu rellotge tou al moment de la primera explosió a Hiroshima ha petrificat el temps per sempre."[58]

En fotografia, Henri Cartier-Bresson va encunyar el terme "moment decisiu", descrivint-lo com:

"El reconeixement simultani, en una fracció de segon, del significat d'un esdeveniment així com d'una organització precisa de formes que donen a aquest esdeveniment la seva expressió apropiada." (Henri Cartier-Bresson, "The Decisive Moment", 1952)

1. Literatura:

Molts escriptors han intentat capturar l'essència de l'instant etern en la seva prosa i poesia. James Joyce, en "Ulysses" (1922), utilitza el flux de consciència per crear moments que semblen contenir eternitats. En una entrevista, Joyce va dir:

"En el particular universal, 'l'ara' etern, tot el passat i tot el futur són inclosos." (James Joyce, entrevista amb Arthur Power, 1922)

1. Música:

Compositors com John Cage han explorat la relació entre el so, el silenci i la percepció del temps. En la seva famosa peça "4'33"" (1952), Cage crea un marc per experimentar el present immediat. Cage va escriure:

"No hi ha res com el silenci. El que pensaven que era silenci, perquè no sabien com escoltar, estava ple de sons accidentals." (John Cage, "Silence: Lectures and Writings", 1961)

1. Dansa i performance:

La coreògrafa Pina Bausch sovint crea peces que juguen amb la percepció del temps. En una entrevista, va comentar:

"Hi ha moments a l'escenari on el temps sembla aturar-se. És com si tot el passat i tot el futur estiguessin continguts en aquest instant." (Pina Bausch, entrevista amb Der Spiegel, 1990)

1. Cinema:

Directors com Andrei Tarkovsky han explorat la manipulació del temps en el cinema. En el seu llibre "Esculpir en el Temps", Tarkovsky escriu:

"Què és un film si no 'fixar el temps'? El temps fixat en les seves formes i manifestacions factuals: aquest és el suprem concepte del cinema com a art." (Andrei Tarkovsky, "Sculpting in Time", 1986)

Aquestes diverses expressions artístiques de l'instant etern comparteixen alguns temes comuns:

1. La tensió entre el moment específic i l'eternitat.

1. L'intent de capturar o evocar una experiència que va més enllà dels límits temporals normals.

2. L'ús de tècniques específiques de cada mitjà per alterar la percepció del temps de l'espectador.

L'exploració artística de l'instant etern no només reflecteix experiències subjectives intenses, sinó que també ens fan replantejar les nostres concepcions convencionals del temps i la realitat. A través de l'art, se'ns proposa de viure, encara que sigui momentàniament, una perspectiva temporal que transcendeix la nostra experiència quotidiana.

3.4. Temps, consciència i realitat

EL TEMPS ÉS UNA PARADOXA que s'escapa entre els dits, una presència intangible que ordena l'univers però que alhora sembla una il·lusió creada per la ment. La consciència és l'espai intern on es desplega aquesta il·lusió, el teatre on es representen els instants i es construeix la noció de realitat.

Si el temps és el llenç i la consciència el pintor, la realitat podria ser l'obra en constant evolució que emergeix d'aquesta interacció. Potser el passat, el present i el futur no són més que convencions, punts de referència en un mapa que dibuixem a mesura que avancem. La línia que separa l'objectiu del subjectiu esdevé difusa quan ens adonem que la percepció temporal pot variar segons l'estat mental, les emocions o les experiències.

Aquestes reflexions obren la porta a una nova comprensió del món, una perspectiva on el temps, la consciència i la realitat són fils entrellaçats d'un mateix tapís. I ens convida a qüestionar la natura del que considerem real i a explorar les profunditats de l'experiència humana sense les limitacions de les estructures convencionals.

3.4.1. L'instant etern i les teories de la consciència

L'ESTUDI DE L'INSTANT etern obre noves perspectives sobre la naturalesa de la consciència i la nostra percepció de la realitat. Aquest fenomen, que sembla transcendir les limitacions normals del temps, planteja qüestions fonamentals sobre com experimentem i interpretem el món que ens envolta.

En el camp de les teories de la consciència, l'instant etern es presenta com un repte intrigant. David Chalmers[59] ho considera part del "problema difícil" de la consciència, qüestionant com un procés físic al cervell pot generar una experiència tan radicalment diferent de la nostra percepció habitual del temps. Aquesta perspectiva suggereix que l'instant etern podria ser una clau per entendre la relació entre els processos cerebrals i l'experiència subjectiva.

La Teoria de la Informació Integrada de Giulio Tononi[60] ofereix una possible explicació. Segons aquesta teoria, les experiències d'instant etern podrien representar estats de consciència amb un alt grau d'integració informacional, on múltiples aspectes de l'experiència es fonen en una unitat coherent. Aquesta idea proposa que l'instant etern no és una anomalia, sinó una manifestació extrema de les capacitats integradores de la consciència.

Quan considerem el lliure albir i el determinisme, l'instant etern adquireix una rellevància inesperada. Els estudis de Benjamin Libet[61] sobre la presa de decisions han mostrat que l'activitat cerebral sovint precedeix la consciència de la decisió. No obstant això, l'experiència de l'instant etern suggereix la possibilitat d'una interacció no lineal entre la consciència i aquests processos neuronals. Daniel Dennett[62] va més enllà, proposant que la nostra capacitat de percebre el temps de manera flexible, incloent experiències com l'instant etern, podria ser fonamental per a la nostra sensació d'agència i lliure albir.

La neurociència moderna està començant a desvelar els mecanismes cerebrals darrere d'aquestes experiències temporals extraordinàries. David Eagleman[63] conclou que "El cervell no registra el temps de manera lineal. El cervell emmagatzema informació més rica i abundant quan ens enfrontem a esdeveniments estressants o desconeguts, produint la il·lusió que el temps s'ha alentit". Aquesta flexibilitat en el processament temporal podria explicar, en part, l'experiència de l'instant etern.

Els estudis d'Olaf Blanke[64] sobre experiències fora del cos han revelat que alteracions en l'activitat de certes regions cerebrals, particularment la junció temporoparietal, poden provocar sensacions de desencarnament i alteració temporal. Aquestes trobelles suggereixen una base neural per a experiències que transcendeixen la nostra percepció normal del temps i l'espai.

Anil Seth[65], amb el seu enfocament de predicció perceptual, proposa que l'instant etern podria sorgir quan les prediccions del cervell sobre el flux temporal es trenquen. Això resultaria en una experiència de "present estès", on els límits habituals del moment present semblen dissoldre's.

Aquestes perspectives científiques, lluny de desmitificar l'instant etern, el situen com un fenomen clau per entendre els mecanismes de la consciència i la construcció neural de la nostra experiència temporal. La integració d'aquestes idees amb les reflexions filosòfiques i les expressions artístiques ens ofereix una visió més rica i matisada de la naturalesa de la consciència i la realitat.

L'estudi de l'instant etern, per tant, no és només una qüestió filosòfica, sinó una finestra a les profunditats de la ment humana i la seva relació amb el temps i la realitat. A mesura que avancem en la nostra comprensió d'aquest fenomen, és probable que obtinguem noves perspectives sobre la naturalesa de la consciència, el lliure albir i la nostra experiència subjectiva del món.

3.4.2. Relació amb els conceptes de lliure albir i determinisme

IMAGINEM PER UN MOMENT que estem immersos en l'experiència d'un instant etern. El temps sembla aturar-se, i en aquest espai dilatat, les possibilitats s'obren davant nostre com un ventall infinit. És en aquest context que la relació entre l'instant etern i les nocions de lliure albir i determinisme pren una nova dimensió.

Alfred Mele, filòsof contemporani, ens proposa considerar com aquesta expansió de la percepció temporal podria influir en la nostra capacitat de prendre decisions. En el seu llibre "Free", Mele[66] ens planteja una pregunta interessant: si el nostre sentit del temps pot expandir-se així, no podria llavors oferir-nos una oportunitat més àmplia per a la reflexió i la deliberació conscient? Aquesta idea obre la possibilitat que, en aquests moments d'eternitat percebuda, la nostra autonomia es vegi reforçada, permetent-nos considerar les nostres opcions amb una profunditat inusual.

Però què passa si vivim en un univers determinista? Aquí és on la perspectiva compatibilista entra en joc. Imaginem l'instant etern no com una escapatòria del determinisme, sinó com un estat de consciència que amplifica la nostra "llibertat graduada", tal i com planteja Daniel Dennet. En aquest estat, potser no escapem de les lleis causals de l'univers, però experimentem el grau màxim de llibertat que aquestes lleis permeten.

Shaun Gallagher[67] ens porta a considerar una dimensió encara més profunda. I si aquestes experiències temporals intenses fossin crucials per a la nostra capacitat de ser agents morals? Gallagher ens suggereix que moments com l'instant etern no són simples anècdotes, sinó experiències que conformen la nostra capacitat de respondre èticament al món que ens envolta.

Finalment, Raymond Tallis[68] ens ofereix una visió que gairebé sembla de ciència ficció. Imaginem que l'instant etern no és només una alteració de la nostra percepció, sinó un indici d'una capacitat única de la consciència humana: la capacitat de transcendir els límits del present immediat. Tallis ens planteja considerar que aquesta habilitat de "sortir del temps" podria ser la base mateixa de la nostra llibertat, permetent-nos explorar mentalment futurs possibles i passats alternatius.

Així, l'instant etern es revela no només com una experiència controvertida, sinó com una finestra a les profunditats de la consciència humana i la seva relació amb el temps i la llibertat. Ens obliga a repensar què significa ser lliure, què implica prendre una decisió, i com la nostra experiència del temps configura la nostra capacitat d'actuar en el món, dins la intricada dansa del flux temporal.

3.4.3. Perspectives de la neurociència sobre la percepció del temps i l'instant etern

EN ELS LABERINTS DEL cervell humà s'amaguen els secrets de com percebem el temps, i entre ells, potser la clau per entendre l'enigmàtic instant etern. Els neurocientífics, armats amb les seves sofisticades eines d'imatge cerebral i models computacionals, s'endinsen en aquest territori misteriós, buscant desvelar els mecanismes que subjauen a la nostra experiència temporal.

Imagineu-vos ara caminant pels passadissos d'un laboratori de neurociència modern. A cada sala, investigadors amb bates blanques s'inclinen sobre complexos aparells, tots amb un objectiu comú: desvelar els misteris de com el nostre cervell percep el temps.

En una d'aquestes sales, trobem a Dean Buonomano, de la Universitat de Califòrnia. Amb un somriure entusiasta, ens explica la seva teoria revolucionària. "Veieu", diu, assenyalant una pantalla plena de patrons ondulants, "el cervell no té un rellotge central com pensàvem abans. En lloc d'això, utilitza aquests patrons d'activitat neuronal per mesurar el temps, com les ones en un llac després de llançar una pedra". Els seus ulls brillen mentre especula: "Potser, en un instant etern, aquestes ones neuronals es comporten de manera inusual, creant la sensació d'un present que s'expandeix infinitament".

Creuant l'Atlàntic, ens trobem al laboratori de Moshe Bar a Harvard. Bar ens rep amb una pregunta intrigant: "Què creus que passarà en els propers segons?" Abans que puguem respondre, continua: "El teu cervell ja està fent prediccions sobre això. Constantment genera 'pre-sentiments' sobre el futur immediat". Fa una pausa dramàtica abans d'afegir: "Però, què passa quan aquestes prediccions fallen completament? Potser això és el que succeeix en un instant etern".

El nostre viatge continua al Japó, on Ryota Kanai ens rep amb un model 3D del cervell que gira lentament en una pantalla. "Mireu això", diu, assenyalant diferents regions que s'il·luminen. "La consciència del temps podria emergir de com el cervell integra informació a diferents escales". Els seus ulls s'il·luminen mentre especula: "Un instant etern podria ser un estat únic d'integració d'informació, una sincronia neuronal extraordinària".

Finalment, tornem a Europa per trobar-nos amb Marc Wittmann. En lloc d'un laboratori convencional, ens porta a una sala tranquil·la amb coixins de meditació. "La clau", diu suaument, "podria estar en com percebem el nostre propi cos". Ens convida a tancar els ulls i concentrar-nos en els nostres batecs cardíacs. "Nota com la teva percepció del temps canvia quan et centres en el teu cos? Imagina això amplificat mil vegades. Potser així és com es sent un instant etern".

Mentre sortim d'aquest viatge imaginari pels laboratoris del món, ens adonem que l'instant etern, lluny de ser un misteri inabastable, està sent lentament desvelat per aquests apassionats científics. Cada teoria, cada experiment, és una peça més en el gran trencaclosques de com el nostre cervell construeix la nostra experiència del temps.

I qui sap? Potser en algun moment, en algun laboratori, algú aconseguirà capturar l'essència neuronal d'un instant etern, obrint noves portes a la comprensió de la consciència humana i la nostra percepció de la realitat.

3.4.4. El llenguatge i la percepció del temps: L'argument d'"Arrival"

LA PEL·LÍCULA DE CIÈNCIA-ficció "Arrival" (2016), inspirada en la novela curta La història de la teva vida, de Ted Chiang, i dirigida per Denis Villeneuve, explora una interessant connexió entre el llenguatge i la percepció del temps. La premissa central de la història és que aprendre un llenguatge alienígena no lineal pot alterar la forma en què el cervell percep i experimenta el temps, permetent una visió simultània del passat, present i futur.

En el film, la lingüista Louise Banks és reclutada per comunicar-se amb uns extraterrestres que han arribat a la Terra. A mesura que desxifra el seu llenguatge visual complex i circular, comença a tenir visions del futur. Eventualment, s'adona que el llenguatge alienígena, lliure de la linearitat temporal pròpia de les llengües humanes, li ha reconectat el cervell per percebre el temps de manera no lineal.

Aquest concepte d'"Arrival" té les seves arrels en la hipòtesi de la relativitat lingüística, també coneguda com la hipòtesi de Sapir-Whorf[69]. Segons aquesta teoria, les estructures del llenguatge que utilitzem afecten la nostra cognició i la forma en què percebem i conceptualitzem el món. En el cas extrem plantejat a "Arrival", un llenguatge radicalment diferent podria alterar quelcom tan fonamental com la nostra experiència del temps.

Si bé la premissa d'"Arrival" és especulativa, ens porta a reflexionar sobre la relació entre llenguatge, pensament i percepció. Podria un llenguatge estructurat de manera no lineal engendrar una percepció no lineal del temps? I a la inversa, fins a quin punt les nostres llengües, amb la seva organització essencialment seqüencial, condicionen la nostra vivència temporal ordinària?

Certament, les llengües humanes tenen maneres d'evocar una certa atemporalitat o eternitat, ja sigui a través de substantius intemporals ("veritat", "bellesa") o del present atemporal dels proverbis i les veritats generals ("el sol surt per l'est"). Però en general, estan profundament marcades per la temporalitat i la seqüencialitat, amb els seus temps verbals i la linealitat de la sintaxi i la narrativa.

No obstant això, algunes tradicions filosòfiques i espirituals han cercat transcendir les limitacions del llenguatge per apuntar a una realitat més enllà del temps. El filòsof taoista Zhuangzi parla d'un "llenguatge sense paraules" i d'un "discurs sense discurs" per evocar el Tao etern i inefable. I certes formes de poesia mística, com els haikus zen o la poesia sufí, intenten evocar un instant etern més enllà de les paraules.

Per tant, si bé la idea d'un llenguatge que permeti una percepció no lineal del temps continua sent especulativa, "Arrival" ens recorda el poder del llenguatge per donar forma a la nostra experiència i ens proposa explorar els límits i les possibilitats de les nostres formes d'expressió temporal. En últim terme, pot ser que l'instant etern, com el Tao, resideixi no en un llenguatge particular, sinó en els silencis i intervals que habiten entre les paraules.

4. LA COMPRENSIÓ DE L'INSTANT ETERN EN EL BUDISME I EN LES PRÀCTIQUES MEDITATIVES.

L'INSTANT ETERN EN el budisme transcendeix la mera noció temporal per convertir-se en una manifestació directa de la naturalesa última de la realitat, tal com és concebuda en la filosofia budista. Aquest concepte es relaciona profundament amb idees fonamentals com sunyata (buit), pratityasamutpada (originació dependent) i tathata (talitat).

La sunyata [70], o buit, és un concepte essencial dins del budisme que denota la manca d'existència inherent de tots els fenòmens. Això es deu a què cap fenomen posseeix una essència pròpia o independent; tot existeix en dependència de múltiples causes i condicions. Entendre sunyata és crucial per desfer-se de l'aferrament i del sofriment, ja que revela que cap objecte o experiència té una naturalesa fixa, i que tot està inevitablement interrelacionat.

La pratityasamutpada, o originació dependent, és el principi que estableix que tots els fenòmens existeixen només en relació amb altres fenòmens. Res no existeix de manera autònoma, sinó que cada fenomen és condicionat per altres factors. Aquest concepte ens mostra que la realitat és una xarxa interdependent en la qual cada element influeix i és influenciat pels altres. En aquest context, la comprensió de pratityasamutpada proporciona una base per comprendre sunyata: la manca d'existència inherent (sunyata) és una conseqüència directa de la interdependència de totes les coses (pratityasamutpada). Aquests dos conceptes, vistos conjuntament, són fonamentals per entendre la naturalesa de la causalitat i per assolir l'alliberament mitjançant el reconeixement de la interconnexió universal.

La tathata, o talitat, fa referència a la "realitat tal com és" o la "naturalesa essencial de les coses". Aquest terme descriu la qualitat de la realitat percebuda sense les distorsions imposades per la ment conceptual. És la naturalesa pura i inherent de tots els fenòmens, vista sense judici ni il·lusió. En el budisme Mahayana, la talitat representa la comprensió directa de la realitat tal com és, més enllà de les aparences i de les projeccions mentals.[71]

Per entendre millor el concepte de tathata o "talitat", podem fer servir un exemple senzill. Imaginem que esteu observant un arbre. Normalment, quan mirem un arbre, immediatament li assignem una etiqueta: "aquest és un roure", "és molt alt", "té fulles verdes", etc. Això són les projeccions de la nostra ment conceptual: afegim judicis, etiquetes i interpretacions que hem après al llarg de la nostra vida. La tathata es refereix a experimentar l'arbre tal com és, sense afegir-hi cap interpretació. És simplement ser testimoni de l'arbre, sense definir-lo, sense categoritzar-lo, i sense les idees preconcebudes que usualment tenim sobre els arbres. És percebre l'arbre en el seu estat més pur, sense interferència mental.[72] En darrer terme, implica una unió intuïtiva amb l'essència de l'arbre, en el marc d'una consciència no dual.[73]

L'instant etern no és simplement un moment prolongat, sinó la realització de la naturalesa il·lusòria del temps lineal. És a dir, l'instant etern no és simplement un punt en el temps que es perllonga indefinidament. No és que el temps es detingui o s'estiri per sempre. Més aviat, es refereix a la comprensió que el temps lineal, tal com l'experimentem normalment (com una seqüència d'esdeveniments passat, present i futur), és una construcció de la nostra ment. La idea de l'instant etern és que, quan es transcendeixen aquestes construccions mentals, es pot arribar a experimentar una realitat en la qual el temps lineal deixa de tenir sentit. És una experiència directa de la realitat, més enllà de les limitacions del passat i del futur, on només existeix l'instant present, que es percep com la totalitat de la realitat. Aquesta experiència està associada a una consciència més profunda de la naturalesa de la realitat, com és el cas en la meditació avançada en el budisme.

Segons el Sutra del Lankavatara [74], un text cabdal del budisme Mahayana, la percepció del temps com una successió d'esdeveniments és una construcció de la vijnana (ment condicionada), que és la manera com la nostra consciència, sota la influència dels condicionaments, processa el món fenomènic. En contraposició, l'instant etern es refereix a l'experiència directa de la jnana (consciència no dual) [75], que transcendeix aquesta fragmentació artificial del temps. La jnana és un estat de percepció en què es dissolen les divisions convencionals entre subjecte i objecte, entre l'observador i l'observat. En aquest estat, la realitat és percebuda com una unitat indivisible. Aquesta experiència de consciència no dual permet veure la realitat sense les limitacions imposades per la ment condicionada, alliberant-se així de la percepció fragmentada i distorsionada del món.

L'instant etern, per tant, és l'experiència d'una realitat lliure de les limitacions del temps lineal, en la qual tots els fenòmens es perceben com a interrelacionats i mancats d'existència intrínseca. Aquesta experiència constitueix el nucli de la pràctica del budisme Mahayana, que ens porta a comprendre que el temps i l'espai no són realitats absolutes, sinó construccions relatives creades per la ment condicionada.

4.1. Pràctiques meditatives en el budisme: Portals cap a l'instant etern

LES PRÀCTIQUES MEDITATIVES en el budisme transcendeixen la simple relaxació o concentració; són metodologies profundament sofisticades per a la investigació de la naturalesa de la ment i de la realitat, incloent-hi la nostra percepció del temps i de l'instant etern. Aquestes pràctiques difereixen segons les diverses escoles budistes, però totes convergeixen en l'objectiu comú d'aconseguir una comprensió immediata de la naturalesa última de l'existència.

1. Pràctiques de Samatha i Vipassana

SAMATHA (CALMA) I VIPASSANA (visió penetrant) constitueixen dues pràctiques essencials en múltiples tradicions budistes [Kornfield, 1993].

Samatha està orientada a desenvolupar la concentració unipuntual, una qualitat que permet al meditador experimentar estats de consciència pura, on la percepció del flux temporal es desintegra. En l'absorbiment complet en l'objecte de meditació (generalment la respiració), el meditador arriba a una experiència de pèrdua del temps convencional, en la qual la sensació d'atemporalitat emergeix amb força.

Vipassana, per la seva banda, implica el desenvolupament d'una consciència meticulosa sobre les sensacions, els pensaments i les emocions que sorgeixen i es dissolen contínuament. Aquesta pràctica revela la naturalesa transitòria i insubstancial dels fenòmens mentals i físics. A través de l'observació del sorgiment i cessament de cada experiència en el moment present, el meditador arriba a discernir la naturalesa il·lusòria del temps lineal i a experimentar la qualitat atemporal de la consciència pura.

2. Pràctiques de Zazen i Shikantaza

EN EL MARC DE LA TRADICIÓ Zen, especialment a l'escola Soto, la pràctica de zazen (meditació asseguda) i, en particular, shikantaza ("només seure") constitueixen manifestacions directes de l'instant etern.

Shikantaza, tal com l'ensenya el mestre Dogen, no és una tècnica per assolir un estat específic, sinó l'expressió directa de la il·luminació interior. Aquesta visió es fonamenta en els ensenyaments de Dogen, especialment en el seu text Shobogenzo [Dogen, 1240][76]. En aquesta pràctica, el meditador simplement seu sense cap objectiu ni focus concret, encarnant la plenitud de cada moment. Això és el que Dogen anomena "uji" o "ser-temps", on cada instant encarna la totalitat de l'existència.

3. Pràctiques de Dzogchen i Mahamudra

EN LA TRADICIÓ VAJRAYANA del budisme tibetà, les pràctiques avançades de Dzogchen i Mahamudra proporcionen mètodes directes per reconèixer i reposar en la naturalesa primordial de la ment.

En Dzogchen, la pràctica de "trekchö" ("tallar a través") consisteix a trencar totes les construccions mentals per revelar la naturalesa nua de la consciència, que és atemporal i no dual. Aquesta pràctica està documentada en els textos clàssics del Dzogchen, com el Kunje Gyalpo [Norbu, 1996]. La pràctica de "tögal" implica la integració d'aquesta visió en totes les experiències, percebent cada fenomen com una manifestació de la base primordial.

Mahamudra, d'altra banda, utilitza una sèrie de meditacions progressives que condueixen el practicant a reconèixer la naturalesa de la ment com a clara llum, transcendint les limitacions del temps i l'espai. En l'estat de Mahamudra, passat, present i futur es perceben simultàniament en un instant atemporal.

4. Koan

DINS LA TRADICIÓ RINZAI Zen, la pràctica del koan constitueix un mètode únic per desmantellar les limitacions del pensament conceptual i experimentar directament la realitat més enllà del temps.

Un koan famós, com és:

"Quin era el teu rostre original abans que els teus pares nasquessin?"

desafia les nocions habituals sobre el temps i la causalitat. Aquesta pregunta forma part de la col·lecció de koans coneguda com el Mumonkan [Mumon, 1228]. La resolució d'un koan no és una resposta intel·lectual, sinó una experiència directa que transcendeix la temporalitat lineal.[77]

5. Meditació de la compassió i Tonglen

ENCARA QUE PUGUI SEMBLAR menys relacionada amb l'instant etern, la meditació de la compassió, especialment la pràctica tibetana de Tonglen ("donar i rebre"), també facilita una experiència profunda d'atemporalitat. Aquesta pràctica està descrita detalladament per Pema Chödrön en el seu llibre The Places That Scare You [Chödrön, 2001].

En Tonglen, el practicant visualitza la presa del sofriment d'altres amb la inhalació i l'enviament de felicitat i benestar amb l'exhalació. Aquesta pràctica dissol les barreres entre el jo i l'altre, així com entre passat, present i futur, conduint a una experiència d'interconnexió atemporal.

6. Meditació en la impermanència

MOLTES TRADICIONS BUDISTES emfasitzen la meditació en la impermanència com un mitjà fonamental per entendre la naturalesa il·lusòria del temps i de l'existència mateixa. En el budisme, la impermanència és un dels tres segells de la realitat, juntament amb el sofriment i la no-existència d'un jo permanent. Aquesta comprensió és essencial per alliberar la ment de les afeccions i il·lusions que condueixen al sofriment.

Mitjançant la pràctica constant de la meditació, el practicant aprèn a observar amb atenció plena com tots els fenòmens, tant interns com externs, estan en un estat de canvi perpetu. Els pensaments, les emocions, les sensacions corporals i els esdeveniments externs apareixen i desapareixen com núvols en un cel canviant. Aquesta observació directa de la transitorietat permet al meditador adonar-se que aferrar-se a allò que és impermanent només genera insatisfacció i patiment.

A mesura que la pràctica s'aprofundeix, el meditador arriba a percebre el flux incessant del present etern que subjau a tots els canvis aparents. Aquesta experiència de l'"ara" etern revela que el passat ja ha passat i el futur encara no ha arribat, i que l'única realitat tangible és el moment present. En reconèixer això, es dissolen les ansietats pel futur i els penediments pel passat, permetent una existència més plena i conscient.

A més, aquesta comprensió profunda de la impermanència ajuda a desfer les il·lusions sobre un jo fix i immutable. En veure que totes les parts que considerem com a "jo" estan també subjectes al canvi, es pot alliberar l'ego i cultivar una compassió i empatia més grans cap a tots els éssers. D'aquesta manera, la meditació en la impermanència no només transforma la percepció del temps, sinó que també condueix a una transformació personal i espiritual profunda. Com a exemple, en el Dhammapada, un dels textos més importants del cànon pali, que recull dites i ensenyaments atribuïts al Buda hi trobem aquesta cita:

"Tots els fenòmens condicionats són impermanents. Quan un ho veu amb saviesa, es desvincula del sofriment. Aquesta és la senda de la purificació."

5. ÈTICA DE L'INSTANT

En el flux constant de l'experiència humana, cada instant presenta una cruïlla ètica. Les decisions que prenem en aquests moments fugaços, aparentment insignificants, teixeixen el tapís de la nostra conducta moral. L'ètica de l'instant, per tant, no és només una reflexió filosòfica abstracta, sinó una exploració de com naveguem el terreny moral en temps real.

La nostra percepció del present, modelada per factors psicològics, culturals i ara tecnològics, influeix profundament en com abordem les decisions ètiques. En un món on la immediatesa sembla regnar de manera suprema, on les decisions sovint s'han de prendre en fraccions de segon, la qüestió de com mantenir una brúixola moral es torna cada vegada més urgent.

Aquest capítol es proposa examinar la intersecció entre la nostra experiència del temps present i les nostres eleccions ètiques. Explorarem com la pressió de l'instant pot distorsionar el nostre judici moral, com les percepcions immediates poden influir en les nostres decisions ètiques, i com l'era digital, amb la seva demanda constant d'atenció i resposta immediata, està remodelant el paisatge de la responsabilitat ètica.

A través d'aquesta exploració, buscarem entendre no només com el present immediat condiciona les nostres decisions ètiques, sinó també com podem desenvolupar una ètica que sigui capaç de respondre àgilment a les exigències immediates de cada situació, mentre es manté fidel a principis ètics duradors.

En fer-ho, potser descobrirem que en l'ètica de l'instant no es tracta només de prendre decisions ràpides, sinó de desenvolupar una presència conscient que ens permeti actuar amb integritat fins i tot sota la pressió de la immediatesa.

En última instància, aquest capítol ens fa considerar com podem viure èticament no només a llarg termini, sinó en cada moment present, reconeixent que és en aquests instants fugaços on es manifesta realment la nostra essència moral.

5.1. Decisions ètiques en el moment present

EN UN QUIRÒFAN D'EMERGÈNCIES, un cirurgià es troba davant d'una decisió crítica. El temps sembla aturar-se mentre considera les opcions que podrien salvar o posar en perill la vida del pacient. En aquest instant, la seva percepció del temps i la seva experiència del present juguen un paper crucial en la seva decisió ètica.

Aquesta escena ens porta al cor de la qüestió: com influeix la nostra percepció del present en les nostres decisions ètiques immediates?

El Dr. Shauna Shapiro i els seus col·legues van explorar aquesta relació en un estudi publicat a "The Journal of Positive Psychology". Van descobrir que les pràctiques de mindfulness, que intensifiquen la nostra consciència del moment present, poden millorar significativament el nostre raonament moral i la presa de decisions ètiques. Com explica Shapiro:

"La pràctica de mindfulness sembla ampliar la finestra de consciència, permetent als participants percebre més informació i considerar múltiples perspectives abans de prendre una decisió."[78]

Aquesta "finestra de consciència" pot expandir-se dramàticament en experiències d'instant etern. El psicòleg William James va descriure aquests moments on "un petit període de temps pot semblar infinitament llarg" (James, "The Principles of Psychology", 1890). Un bomber de Nova York va relatar una experiència similar després de l'11 de setembre, descrivint com el temps semblava aturar-se, permetent-li considerar totes les opcions abans de prendre una decisió crucial.

No obstant això, en l'era digital, la nostra experiència del present està canviant ràpidament. Nicholas Carr, en el seu llibre "The Shallows"[79], argumenta que la constant immersió en el flux d'informació digital està alterant profundament la nostra capacitat d'atenció i reflexió. Carr introdueix el concepte d'una "ètica reactiva" en contraposició a una "ètica reflexiva":

"Quan estem constantment connectats, perdem la nostra capacitat de ser reflexius i introspectius. La nostra ètica es torna reactiva en lloc de reflexiva." (Carr, 2010)

Carr suggereix que aquesta transició cap a una ètica més reactiva pot tenir implicacions significatives:

1. Decisions impulsives: Podríem prendre decisions ètiques sense considerar plenament les seves ramificacions.

1. Inconsistència moral: Les nostres respostes ètiques podrien variar més depenent del context immediat, en lloc de basar-se en principis consistents.
2. Vulnerabilitat a la manipulació: Podríem ser més susceptibles a influències externes en les nostres decisions ètiques.

Aquesta observació planteja interrogants sobre com la cultura digital està remodelant la nostra experiència del present i, per extensió, la nostra capacitat per a la deliberació ètica immediata.

Les diferents concepcions filosòfiques de l'instant també influeixen en com abordem les decisions ètiques. Com hem vist anteriorment, alguns filòsofs conceben l'instant com un punt indivisible en el temps, mentre que altres proposen visions més fluides i contínues del temps. Aquestes perspectives diverses poden tenir un impacte significatiu en com entenem i abordem les decisions ètiques en el moment present. Per exemple, una concepció de l'instant com a part d'un flux continu podria fomentar una consideració més àmplia de les conseqüències de les nostres accions, mentre que una visió de l'instant com a punt aïllat podria emfasitzar la importància de la decisió immediata.

En última instància, la nostra capacitat per prendre decisions ètiques en el moment present està íntimament lligada a com experimentem aquest present. Ja sigui a través de pràctiques contemplatives, experiències d'instant etern, o navegant pels reptes de l'era digital, la nostra percepció del temps modela la nostra ètica immediata. Si posteriorment l'acció mereix un judici moral o legal, la seva valoració variarà en funció del criteri temporal que s'hagi escollit (discret o continu).

Mentre continuem explorant la relació entre la percepció del present i l'ètica, ens enfrontem a un altre repte: com podem cultivar una presència més plena i conscient en l'era digital? Com podem crear espais per a la deliberació ètica profunda en mig del flux constant d'informació i demandes immediates? Respondre a aquestes preguntes pot ser clau per enriquir la nostra capacitat d'acció ètica en cada moment que vivim.

5.2. La influència de la percepció immediata en el judici moral

IMAGINEM-NOS EN UNA concorreguda estació de metro. De sobte, veiem una persona que cau a les vies just quan s'acosta el tren. En qüestió de segons, hem de decidir si arrisquem la nostra vida per salvar-la. Aquest escenari, tot i que extrem, il·lustra com la percepció immediata pot influir profundament en els nostres judicis morals.

Els psicòlegs Joshua Greene i Jonathan Haidt han estudiat extensament com les emocions i intuïcions immediates influeixen en els nostres judicis morals. En el seu article "How (and where) does moral judgment work?" (2002), argumenten:

"Molts judicis morals són causats per respostes emocionals ràpides i automàtiques, i no pel raonament moral conscient."[80]

Greene va dur a terme experiments utilitzant ressonància magnètica funcional per estudiar com el cervell processa dilemes morals. Va descobrir que quan les persones s'enfronten a dilemes morals personals i emocionalment carregats, les àrees del cervell associades amb l'emoció s'activen més que les regions associades amb el raonament abstracte.

Un exemple clàssic és el "dilema del tramvia". Quan es presenta en termes abstractes (desviar un tramvia per salvar cinc persones a costa d'una), la majoria de les persones ho consideren moralment acceptable. Però quan es planteja de manera més personal (empènyer algú a les vies per salvar cinc), moltes persones ho jutgen com a inacceptable, tot i que el resultat net és el mateix.

Aquest fenomen il·lustra com la immediatesa i la vividesa de la percepció poden influir dràsticament en els nostres judicis morals.

Paul Slovic, en el seu estudi "If I look at the mass I will never act" (2007), va explorar com la percepció immediata influeix en la nostra resposta a les crisis humanitàries. Va trobar que les persones són més propenses a ajudar quan se'ls presenta un individu identificable que quan se'ls presenten estadístiques sobre grans grups. Slovic argumenta:

"La nostra capacitat per sentir està limitada... A mesura que el nombre de víctimes augmenta, els nostres sentiments es saturen i ja no escalem la resposta adequadament."[81]

Aquesta "fatiga de la compassió" demostra com la nostra percepció immediata pot limitar la nostra capacitat per fer judicis morals adequats en situacions complexes.

D'altra banda, la psicòloga Barbara Fredrickson ha estudiat com les emocions positives poden ampliar la nostra percepció i, per tant, influir en els nostres judicis morals. En el seu article "The role of positive emotions in positive psychology" (2001), argumenta que les emocions positives poden "ampliar el repertori momentani de pensament-acció d'un individu", portant a judicis morals més flexibles i creatius.[82]

Aquestes investigacions plantegen preguntes crucials sobre la relació entre la percepció immediata i el judici moral. Com podem equilibrar les respostes emocionals immediates amb un raonament moral més reflexiu? Com podem ampliar la nostra "finestra de percepció" per fer judicis morals més informats i compassius?

En l'era digital, on les decisions sovint s'han de prendre en fraccions de segon, aquestes qüestions són més rellevants que mai. La constant exposició a imatges i informació pot saturar la nostra capacitat de resposta moral, portant al que el filòsof Zygmunt Bauman anomena "adiaforització" - la indiferència moral davant del patiment dels altres.

En última instància, entendre la influència de la percepció immediata en el judici moral pot ajudar-nos a desenvolupar estratègies per a una presa de decisions ètiques més equilibrada i compassiva, tant en situacions d'alta pressió com en la nostra vida quotidiana.

5.3. Responsabilitat ètica en l'era de la immediatesa digital

EN UN MÓN ON UN TUIT pot desencadenar una crisi diplomàtica i una publicació a Instagram pot influir en milions de persones, la responsabilitat ètica en l'era digital adquireix una nova dimensió d'urgència i complexitat.

Imaginem-nos per un moment en la situació d'un gestor de xarxes socials d'una gran empresa. Un rumor fals sobre el producte estrella de la companyia comença a circular en línia. En qüestió de minuts, la història es viralitza. La pressió per respondre immediatament és aclaparadora, però la responsabilitat de verificar la informació abans de reaccionar és igualment crucial. Aquest escenari, cada vegada més comú, il·lustra el dilema ètic central de l'era digital: la tensió entre la immediatesa i la responsabilitat.

Sherry Turkle, en el seu llibre "Alone Together" (2011), argumenta que la connectivitat constant està canviant no només com interactuem, sinó també com pensem sobre nosaltres mateixos i els nostres deures ètics. Turkle escriu:

"Estem configurats per la tecnologia que utilitzem... Esdevenim especialment receptius a les tecnologies que apel·len a les nostres vulnerabilitats humanes."[83]

Quan Turkle diu "Estem configurats per la tecnologia que utilitzem", està suggerint que les eines tecnològiques que fem servir no són simplement instruments neutres, sinó que tenen un impacte profund en com pensem, sentim i ens comportem. La idea és que la tecnologia no només ens ajuda a fer coses, sinó que també modela la nostra manera de ser i d'interactuar amb el món.

Per exemple, l'ús constant de smartphones ha canviat la manera com gestionem el nostre temps, com mantenim les relacions socials, i fins i tot com experimentem moments de solitud o avorriment. La tecnologia no només facilita certes accions, sinó que també ens predisposa a certs patrons de pensament i comportament.

La segona part de la frase, "Esdevenim especialment receptius a les tecnologies que apel·len a les nostres vulnerabilitats humanes", aprofundeix encara més en aquesta idea. Turkle suggereix que som particularment susceptibles a adoptar i ser influenciats per tecnologies que s'alineen amb les nostres necessitats i debilitats psicològiques més profundes.

Alguns exemples d'això podrien ser:

1. Xarxes socials que apel·len a la nostra necessitat de validació social i por a perdre'ns alguna cosa (FOMO - Fear of Missing Out).

1. Jocs en línia que exploten la nostra tendència a buscar recompenses immediates i la nostra susceptibilitat a l'addició.
2. Aplicacions de cites que capitalitzen la nostra necessitat de connexió i intimitat, però que també poden fomentar la cosificació i la comparació constant.
3. Plataformes de notícies que s'aprofiten de la nostra atracció cap a la informació negativa o escandalosa.

En essència, Turkle està advertint que la tecnologia no és simplement una eina neutral, sinó que pot explotar activament les nostres vulnerabilitats psicològiques, configurant així la nostra manera de pensar i comportar-nos d'una manera que potser no sempre és saludable o ètica.

Aquesta perspectiva ens convida a ser més conscients i crítics en la nostra relació amb la tecnologia, a considerar no només el que la tecnologia ens permet fer, sinó també com ens està configurant com a individus i com a societat.

Aquesta "configuració" per la tecnologia té grans implicacions per a la nostra responsabilitat ètica. La immediatesa de la comunicació digital pot portar a respostes impulsives i poc meditades, amb conseqüències potencialment greus.

Un exemple notable és el cas de Justine Sacco, una executiva de relacions públiques que va publicar un tuit insensible just abans d'embarcar en un vol de 11 hores. Quan va aterrar, s'havia convertit en el tema número 1 a X (l'antiga Twitter) mundial, havia perdut la seva feina i la seva reputació estava en ruïnes. Aquest incident, analitzat per Jon Ronson en el seu llibre "So You've Been Publicly Shamed" (2015), il·lustra com la immediatesa de les xarxes socials pot amplificar errors de judici momentanis amb conseqüències desproporcionades.[84]

D'altra banda, la immediatesa digital també ofereix oportunitats úniques per a l'acció ètica positiva. Pensem en moviments com #MeToo o les campanyes de recaptació de fons viral per a causes humanitàries. Aquestes iniciatives demostren com la connectivitat instantània pot mobilitzar recursos i atenció per a causes ètiques importants de manera sense precedents.

No obstant això, aquesta mateixa capacitat de mobilització ràpida també planteja reptes ètics. Ethan Zuckerman, en el seu article "New Media, New Civics?" (2014), adverteix sobre els perills del que ell anomena "activisme de baix esforç" o "slacktivism"[85]. Argumenta que la facilitat de participar en causes en línia pot crear una il·lusió d'acció ètica sense un compromís real o un canvi significatiu.

La responsabilitat ètica en l'era digital també s'estén a la gestió de la informació personal. Com assenyala Helen Nissenbaum en "Privacy in Context" (2010)[86], la nostra comprensió tradicional de la privacitat està sent desafiada per la naturalesa interconnectada i immediata de les tecnologies digitals. Cada clic, cada "m'agrada", cada compartició, té implicacions ètiques que poden ser difícils de preveure en el moment de l'acció.

Davant d'aquests reptes, com podem cultivar una responsabilitat ètica que sigui tant responsiva com reflexiva? Luciano Floridi, en "The Fourth Revolution" (2014)[87], proposa el concepte d'"infoetica" -una ètica adaptada a l'era de la informació. Floridi argumenta que necessitem desenvolupar noves virtuts ètiques adequades per a un món on les nostres accions en l'esfera digital tenen conseqüències reals i immediates.

En última instància, la responsabilitat ètica en l'era de la immediatesa digital requereix un equilibri delicat. Hem de ser capaços de respondre ràpidament quan és necessari, però també hem de cultivar la capacitat de pausa reflexiva. Necessitem desenvolupar el que podríem anomenar una "ètica de la presència digital" - una consciència constant de les implicacions ètiques de les nostres accions en línia.

Aquest nou paradigma ètic no només implica ser conscients de les conseqüències de les nostres accions digitals, sinó també entendre com la immediatesa i la connectivitat constant estan remodelant la nostra percepció del temps, de l'altre i de nosaltres mateixos. En fer-ho, potser podrem entomar els reptes ètics de l'era digital amb més saviesa i compassió.

5.4 Estratègies per a decisions ètiques ràpides

LA PRESSIÓ TEMPORAL és una realitat amb la qual ens enfrontem sovint en el nostre dia a dia. Quan el temps és limitat i hem de prendre decisions ràpides, el nostre procés de pensament pot veure's afectat. En comptes de reflexionar profundament sobre les opcions disponibles, és possible que reaccionem de manera instintiva, basant-nos en hàbits o intuïcions. Això pot ser útil en situacions on cal actuar immediatament, però també pot comportar errors o accions que no s'alineen amb els nostres valors ètics.

Per exemple, imaginem un metge d'urgències que ha d'atendre múltiples pacients en poc temps. Davant la pressió, pot sentir-se temptat a passar per alt certs procediments per accelerar l'atenció, com ara no rentar-se les mans entre pacients. Tot i que això estalvia temps, posa en risc la salut dels pacients i viola els principis ètics de la professió mèdica.

La pressió temporal pot limitar la nostra capacitat per analitzar les conseqüències de les nostres accions. Quan ens sentim pressionats, és més difícil considerar com les nostres decisions afectaran els altres o si estan en consonància amb els nostres principis morals. Un estudiant que no ha tingut temps d'estudiar per a un examen pot decidir copiar, tot i saber que és una acció incorrecta. La urgència del moment pot fer que passi per alt les implicacions ètiques del seu comportament.

Per afrontar aquestes situacions i assegurar-nos que prenem decisions ètiques fins i tot sota pressió, podem adoptar diverses estratègies. Una de les més efectives és tenir clars els nostres valors personals. Si sabem què és important per a nosaltres, és més probable que actuem de manera coherent amb aquests principis, independentment de les circumstàncies. Per exemple, si valorem la integritat, és menys probable que enganyem o manipulem informació, fins i tot quan el temps és escàs.

Una altra estratègia és establir pautes o protocols ètics que ens guiïn en la presa de decisions ràpides. Moltes professions disposen de codis de conducta que poden servir de referència en moments de pressa. Un periodista, per exemple, pot seguir una guia ètica que li indiqui verificar sempre les fonts abans de publicar una notícia, evitant així la difusió d'informació falsa encara que això signifiqui no ser el primer a donar la notícia.

Utilitzar preguntes clau pot ser també de gran ajuda. En moments de decisió ràpida, formular-nos qüestions com "Aquesta acció pot perjudicar algú?" o "Estic actuant segons els meus valors?" pot proporcionar-nos la claredat necessària per escollir l'opció més ètica. Per exemple, un director d'empresa que ha de prendre una decisió ràpida sobre acomiadaments pot preguntar-se com afectarà això els empleats i si hi ha alternatives més justes.

La preparació i l'entrenament en situacions simulades poden millorar la nostra capacitat de resposta ètica sota pressió. Professionals com els pilots o els bombers realitzen simulacres per estar preparats davant emergències reals. Això els permet reaccionar de manera adequada quan es troben en situacions de vida o mort.

Gestionar l'estrès és fonamental per mantenir la claredat mental. Tècniques com la respiració profunda, la meditació o simplement prendre uns segons per recompondre'ns poden marcar la diferència en com afrontem una situació estressant. Un executiu abans d'una reunió important pot dedicar uns minuts a calmar-se per assegurar-se que prendrà les millors decisions.

En resum, tot i que la pressió temporal pot dificultar la presa de decisions ètiques, hi ha maneres d'assegurar-nos que actuem d'acord amb els nostres valors. Mantenir clars els nostres principis, seguir pautes ètiques, formular-nos preguntes clau, preparar-nos per a situacions de pressa i gestionar l'estrès són estratègies efectives que ens poden ajudar. Recordem que les decisions preses en un instant poden tenir repercussions duradores, i per això és essencial dedicar l'atenció necessària per fer el correcte, fins i tot quan el temps és limitat.

6. ESTÈTICA DEL PRESENT

L'"Estètica del present o de l'instant" és un concepte que sorgeix d'una sensibilitat contemporània, centrada en la valoració de l'immediat i de l'efímer. Aquesta perspectiva artística i filosòfica posa l'accent en l'experiència directa del moment, sense anàlisis profundes o planificades. És una manera d'apreciar el món tal com es presenta, en la seva forma més crua i espontània, sense ornaments ni filtres.

Aquesta estètica emergeix en un context on la velocitat i la transitorietat defineixen gran part de la nostra existència quotidiana. Vivim en una època en què la tecnologia i les xarxes socials ens han acostumat a una forma de comunicació i expressió que és instantània i sovint efímera. Les imatges es capturen, es comparteixen i es consumeixen en qüestió de segons, fet que influeix en la manera com percebem la realitat i l'art. En lloc de contemplar llargament una obra o una idea, l'"Estètica de l'instant" ens porta a submergir-nos en la immediatesa de l'experiència, a valorar el moment present sense preocupar-nos pel passat o el futur.

En aquest sentit, hi ha una celebració de l'espontaneïtat i la naturalitat. Les creacions sorgides d'aquesta sensibilitat són sovint immediates, fresques, i capturen la vida en el seu estat més autèntic. Tenim bons exemples en disciplines com la fotografia instantània, les transmissions en directe o també en la manera com compartim fragments de les nostres vides a través de les xarxes socials.

L'"Estètica del present" és, doncs, una invitació a viure i a crear en el moment, a deixar de banda la reflexió estàtica per abraçar l'experiència pura i momentània. És una resposta a un món que canvia ràpidament, on la bellesa i el significat sovint es troben en els instants més fugissers.

6.1. Apreciació estètica de l'efímer i la bellesa de l'irrepetible

L'APRECIACIÓ ESTÈTICA de l'efímer es refereix a una forma de valorar i contemplar allò que és temporal, transitori i de curta durada. A diferència d'altres formes d'experiència artística que busquen la permanència, la solidesa o la perdurabilitat, aquesta apreciació se centra en la bellesa i la significació de les coses que desapareixen, que es transformen constantment o que només existeixen durant un breu període de temps. Aquesta estètica de l'efímer està profundament arrelada en la consciència de la fugacitat de la vida i del món que ens envolta.

Una de les característiques principals de l'estètica de l'efímer és la valoració d'allò que és únic i irrepetible. Es tracta de moments que no es poden recrear o reviure exactament igual, com una flor que floreix i es marceix, un instant d'inspiració creativa o una trobada casual. Aquesta apreciació fa que allò efímer guanyi un significat especial perquè, en ser conscient que no tornarà, l'observador o creador hi projecta una intensitat i un valor emocional que potser no experimentaria amb quelcom més permanent.

En aquest context, allò efímer no es veu com una pèrdua o una mancança, sinó com una oportunitat per a la connexió amb el moment present. Hi ha una forma de bellesa en l'experiència mateixa d'aquest canvi i desaparició, ja que recorda a l'espectador o al creador la condició humana: sempre en moviment, sempre en canvi, sempre temporal.

6.2. L'efímer com a resposta a la societat contemporània

L'APRECIACIÓ ESTÈTICA de l'efímer també es pot veure com una resposta a la societat contemporània, en la qual la velocitat, el canvi constant i la temporalitat són fonamentals. Vivim en un món on la informació es consumeix ràpidament, on les modes i les tendències apareixen i desapareixen en qüestió de dies o setmanes, i on les tecnologies ens han acostumat a formes d'expressió immediata i de curta durada. En aquest context, l'estètica de l'efímer s'adapta i reflexiona aquest estil de vida modern.

Un exemple clar és la influència de les xarxes socials i la cultura digital, on les imatges i les experiències es comparteixen i es consumeixen gairebé instantàniament. Fotografies que desapareixen al cap de 24 hores, vídeos curts i missatges efímers formen part d'una estètica que no busca la permanència, sinó la captació del moment. Aquí, l'efímer es converteix en una expressió artística en si mateixa, on el valor es troba en el seu impacte immediat, i no en la seva durabilitat.

6.3. Naturalesa i efímer: una connexió arrelada

EN MOLTES TRADICIONS culturals, especialment en la filosofia oriental, l'efímer ha estat llargament apreciat com a font de bellesa i profunditat espiritual. Un exemple clàssic és la filosofia zen i la cultura japonesa, amb la seva celebració de l'efímer a través del concepte de mono no aware[88], que es refereix a la consciència subtil de la transitorietat de totes les coses i la malenconia suau que això produeix.

La contemplació dels cirerers en flor (sakura) al Japó és un ritual que exemplifica aquesta sensibilitat. Els cirerers floreixen breument durant la primavera, i la seva bellesa radica precisament en aquesta fugacitat: les flors es marceixen i cauen, simbolitzant el pas del temps i la naturalesa canviant de la vida. Així, l'experiència de la seva contemplació resulta intensa i emotiva, perquè recorda la fragilitat i la temporalitat de tot allò que estimem.

6.4. Art efímer i performance

L'APRECIACIÓ ESTÈTICA de l'efímer també ha donat lloc a moviments artístics específics, com l'art de la "performance" i les instal·lacions temporals. En aquestes formes d'art, el valor de l'obra es troba precisament en el fet que només existeix durant un període de temps limitat. Un cop finalitzada la "performance" o desmantellada la instal·lació, l'obra desapareix, quedant només en la memòria dels espectadors o en documentacions fragmentàries.

Aquest tipus d'art valora la interacció entre l'obra i el públic en un moment específic, convertint cada acte en una experiència única i irrepetible. Un bon exemple és la dansa contemporània, on el moviment dels cossos només pot ser viscut en el moment en què s'executa. Així mateix, moltes obres d'art urbà, com les intervencions temporals en espais públics o l'art en sorra, emfatitzen la temporalitat com a part essencial de la seva proposta artística.

6.5. La temporalitat com a reflexió existencial

LA PERCEPCIÓ DE LA temporalitat, la fugacitat i l'efímer pot desencadenar una profunda reflexió sobre la condició humana i el sentit de l'existència. Aquesta reflexió va més enllà de l'estètica i s'endinsa en la filosofia, abordant qüestions fonamentals sobre la vida, la mort, el temps i el significat de les nostres accions en un món on tot és transitori.

6.5.1 La Consciència de la Finitud

LA TEMPORALITAT, PER definició, implica una fi. Tot el que comença ha de concloure, i aquesta veritat universal és una de les fonts més profundes de la reflexió existencial. La consciència de la finitud –la certesa que tant la vida com les experiències, les relacions i fins i tot les obres d'art són efímeres– pot generar un ampli ventall de reaccions emocionals i filosòfiques.

Des de l'angoixa existencial que expressaven pensadors com Heidegger, fins a la serenor i acceptació del pas del temps que es troba en la filosofia oriental, la consciència de la temporalitat ens confronta amb la nostra pròpia mortalitat i amb la impermanència de tot allò que coneixem. Aquest pensament, lluny de ser merament desolador, pot actuar com a catalitzador per a una vida més plena i conscient, perquè ens recorda la necessitat d'apreciar el moment present i de donar significat a les nostres accions.

Un dels filòsofs que més profundament ha reflexionat sobre la temporalitat és Martin Heidegger. En la seva obra Ser i Temps[89], Heidegger aborda la qüestió de l'existència humana a partir de la noció de ser per a la mort (Sein zum Tode). Segons Heidegger, és precisament la consciència de la nostra pròpia mort el que ens permet viure de manera autèntica. La mort no és només un esdeveniment que succeeix al final de la vida, sinó una possibilitat constant que dona forma a la nostra existència.

Heidegger suggereix que, en enfrontar-nos amb la nostra pròpia finitud, podem arribar a viure de manera més autèntica, escollint lliurement i conscientment les nostres accions en lloc de deixar-nos arrossegar per la inèrcia de la quotidianitat. Aquesta forma d'autenticitat, que sorgeix de la reflexió sobre la temporalitat, ens impulsa a prendre responsabilitat per les nostres vides, a reconèixer la importància de cada moment i a viure amb un sentit de propòsit i urgència.

6.5.2. L'Existencialisme i la creació de significat

LA TEMPORALITAT TAMBÉ és un tema central en l'existencialisme, un corrent filosòfic que posa èmfasi en la llibertat individual, la responsabilitat i la creació de significat en un món sense valors absoluts. Filòsofs com Jean-Paul Sartre i Albert Camus van abordar la qüestió de com trobar sentit en una existència temporal i, sovint, absurda.

Sartre va defensar que, en un món on Déu no existeix i, per tant, no hi ha un significat preestablert, l'ésser humà és lliure de crear el seu propi significat[90]. Aquesta llibertat radical, no obstant això, ve acompanyada d'una gran responsabilitat, perquè cada decisió que prenem defineix qui som en un context de temporalitat. La temporalitat, així, es converteix en el teló de fons contra el qual es citadefineixen les nostres vides.

Albert Camus, per la seva banda, va explorar el tema de l'absurd, la tensió entre la nostra cerca de significat i la indiferència de l'univers. En obres com El mite de Sísif[91], Camus argumenta que, tot i que la vida és essencialment absurda per la seva temporalitat i manca de significat intrínsec, l'ésser humà pot trobar una forma de revolta i llibertat en l'acceptació d'aquest absurd. La temporalitat, en aquest sentit, no és un obstacle per a la significació, sinó una condició que ens permet crear la nostra pròpia narrativa vital.

6.5.3. La Temporalitat en la Filosofia Oriental

LA REFLEXIÓ SOBRE LA temporalitat no és exclusiva del pensament occidental. En la filosofia oriental, especialment en el budisme i en el taoisme, la temporalitat i la impermanència són aspectes centrals de la comprensió de la realitat. En lloc de veure la temporalitat com una amenaça o una font d'angoixa, aquestes tradicions ensenyen a acceptar la impermanència com una part fonamental de la vida.

El budisme, per exemple, ensenya que totes les coses són impermanents (anicca) i que l'afecció a les coses materials, a les persones, o fins i tot a la pròpia identitat, és la font del sofriment[92]. L'acceptació de la temporalitat i de la naturalesa canviant de totes les coses porta a una major serenitat i a una comprensió més profunda de la realitat. Aquesta acceptació no és resignació, sinó una invitació a viure amb plena consciència del present, sense aferrar-nos al passat ni preocupar-nos pel futur.

6.5.4. L'Art Efímer com a Metàfora Existencial

EL VINCLE ENTRE TEMPORALITAT i reflexió existencial també es pot veure clarament en l'art efímer, que sovint es presenta com una metàfora de la vida humana. Obres d'art que són deliberadament creades per a desaparèixer, com les instal·lacions de Christo[93] i Jeanne-Claude, ens recorden la temporalitat de l'existència i la bellesa inherent en allò que és temporal.

[94]

Aquestes obres no busquen la immortalitat ni la perdurabilitat, sinó que celebren la bellesa del procés i del moment. Quan el públic contempla una obra efímera, es veu obligat a reflexionar sobre la seva pròpia relació amb el temps i sobre la manera en què valora les experiències que, com l'obra, són destinades a desaparèixer.

Els mandales tibetans, per exemple, són creats amb gran detall i dedicació, només per ser esborrats al final del procés. Aquesta pràctica simbolitza la naturalesa transitòria de la vida i la necessitat del desaferrament respecte de la realitat material. Aquesta desaparició deliberada es converteix en un acte de contemplació espiritual i en una metàfora del cicle de la vida, la mort i el renaixement.

6.5.5. La temporalitat com a font de vitalitat

FINALMENT, LA REFLEXIÓ sobre la temporalitat pot ser una font de vitalitat. Quan reconeixem que el temps és limitat, que cada moment és únic i no es repetirà mai, es desperta en nosaltres una apreciació més intensa de la vida. Aquesta consciència pot portar a una vivència més plena, a una major valoració de les relacions, les experiències i les creacions.

El carpe diem, o "aprofita el dia", és una màxima que expressa aquesta filosofia de vida. Es tracta d'una invitació a viure amb urgència, a gaudir del present sense procrastinar o deixar per demà allò que es pot experimentar avui. Aquesta actitud davant la vida, encara que motivada per la consciència de la temporalitat, no és pessimista, sinó plenament afirmativa: abraça la vida en tota la seva intensitat perquè sap que és finita.

En aquest sentit, l'apreciació de la temporalitat es converteix en una reflexió existencial positiva, que ens motiva a viure amb més consciència, a crear amb més passió, i a valorar cada moment com un regal preciós. La temporalitat no és només una limitació, sinó una oportunitat per trobar un significat més profund i autèntic en la nostra existència.

6.5.6. La temporalitat com a reflexió existencial en el marc de la creació artística i de la sensibilitat estètica.

QUAN PARLEM DE "LA temporalitat com a reflexió existencial" en el marc de la creació artística i de la sensibilitat estètica, estem abordant com els artistes i els creadors no només reconeixen la naturalesa efímera de la vida, sinó que la integren activament en les seves obres com un element central. Aquesta integració de la temporalitat en l'art obre una finestra a una comprensió més profunda de l'existència i transforma la sensibilitat estètica en una eina per explorar i reflexionar sobre la condició humana, marcada per la fugacitat i la impermanència.

a. La fugacitat com a tema i motiu en l'art

LA TEMPORALITAT, O la consciència del temps com una força que tot ho erosiona, ha estat un tema recurrent en la història de l'art. Els artistes sovint han reflectit la fragilitat de la vida humana i la transitorietat de les experiències a través de motius com el pas de les estacions, la decadència de les coses materials o la inevitabilitat de la mort. Aquesta atenció a la fugacitat no només es manifesta en el contingut de les obres, sinó també en les tècniques i materials utilitzats.

Els "vanitas" de la pintura barroca, per exemple, són una expressió artística que encarna aquesta reflexió. Aquests bodegons, plens de símbols com calaveres, rellotges, flors marcescents i objectes de luxe, no només representen la temporalitat, sinó que obliguen l'espectador a meditar sobre la inevitabilitat de la mort i la insignificança de les possessions materials en la cursa inexorable del temps.

Més enllà de la iconografia, la fugacitat també es converteix en un motiu central en formes d'art més contemporànies, com la fotografia instantània o l'art performance, on l'obra d'art existeix només en el moment de la seva creació o execució. Així, l'efímer no és només un tema de l'art, sinó una qualitat intrínseca a l'obra mateixa.

b. L'art com a testimoni de l'efímer

LA CREACIÓ ARTÍSTICA, especialment en les seves formes més immediates i transitòries, esdevé un testimoniatge de l'efímer, no només com a tema, sinó també com a procés. En la performance art i en les instal·lacions temporals, l'obra d'art es dissipa en el mateix moment en què es realitza, com una dansa que deixa enrere només el record en la ment de l'espectador.

Un exemple paradigmàtic d'aquesta sensibilitat és l'obra de Marina Abramović, especialment la seva performance The Artist is Present [95].

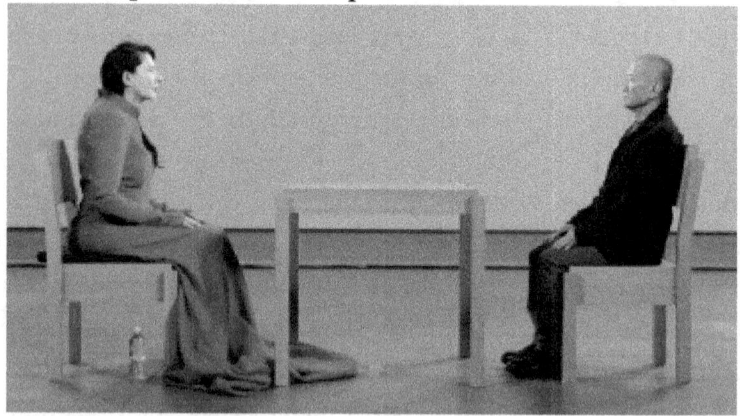

En aquesta obra, l'element central és la interacció efímera entre l'artista i els espectadors, una connexió que es desenvolupa en el temps real i que desapareix sense deixar rastre físic. La temporalitat aquí es converteix en el mitjà mateix de l'art, i l'experiència del moment únic, irrepetible, esdevé la clau per a una reflexió sobre la naturalesa transitòria de la vida.

L'efímer en l'art també s'expressa en l'ús de materials temporals o degradables. L'artista britànic Andy Goldsworthy, per exemple, crea escultures a partir d'elements naturals com pedres, fulles o gel, que inevitablement es desintegren amb el pas del temps[96]. Aquesta degradació natural forma part de l'obra, convertint-la en una metàfora directa de la transitorietat de totes les coses:

[97]

c. La temporalitat en la sensibilitat estètica

EN EL MARC DE LA SENSIBILITAT estètica, la temporalitat impulsa una manera de percebre i apreciar l'art que es centra en el moment present, en l'experiència immediata. Aquesta sensibilitat es pot relacionar amb el concepte de "temps estètic," una forma de temps que no es mesura per rellotges ni calendaris, sinó per la intensitat de l'experiència emocional i sensorial que l'obra d'art genera en l'espectador.

Aquest temps estètic es manifesta de manera especial en la contemplació d'obres que són conscients de la seva pròpia transitorietat. Un clar exemple són les instal·lacions de llum de l'artista Olafur Eliasson, on la llum i l'espai es combinen per crear una experiència que depèn totalment de la presència immediata de l'espectador[98]. Aquestes obres no són permanents ni fixes, sinó que canvien i es transformen amb el pas del temps i la interacció del públic, reflectint la fugacitat de l'instant en què són percebudes.

[99]

AQUESTA SENSIBILITAT cap a la temporalitat pot conduir a una forma més profunda d'apreciació estètica, en la qual l'espectador es veu convidat a ser conscient del moment present i de la seva pròpia percepció en aquell moment. Així, l'art efímer i les obres que juguen amb la temporalitat no només representen el pas del temps, sinó que també transformen la manera en què el públic experimenta el temps.

d. La creació artística com a reflexió existencial

LA TEMPORALITAT TAMBÉ impulsa la creació artística com un acte de reflexió existencial. Els artistes que treballen amb la consciència de la temporalitat sovint exploren temes com la memòria, la pèrdua i el canvi constant. Aquestes obres poden ser vistes com una forma d'enfrontar-se a la pròpia mortalitat, una manera de donar forma i expressió a les angoixes i les esperances relacionades amb el pas del temps.

Un cas particularment interessant és el treball del cineasta japonès Yasujiro Ozu[100], les pel·lícules del qual sovint se centren en els petits moments de la vida quotidiana, marcats pel pas del temps i els canvis en les relacions humanes. Les seves obres, plenes de silenci i de pauses contemplatives, ens recorden que la vida és una successió d'instants efímers, cadascun dels quals té un significat profund justament per la seva naturalesa fugissera.

En aquest sentit, la creació artística es converteix en una manera de dialogar amb la temporalitat, d'intentar comprendre i, potser, reconciliar-se amb el fet que tot està destinat a desaparèixer. Aquest diàleg pot adoptar diverses formes: des de la celebració de l'instant fins a l'exploració de la memòria com a forma de preservació contra l'oblit. Tanmateix, en tots els casos, l'art es converteix en un espai on la temporalitat es fa visible, on els espectadors són induïts a contemplar i reflexionar sobre la seva pròpia existència finita.

e. La bellesa del moment present i el goig del plaer estètic

EL PLAER ESTÈTIC ES pot entendre com la satisfacció i apreciació profunda que experimentem en presenciar o interactuar amb una obra d'art, un fenomen natural o qualsevol manifestació que desperti els nostres sentits i emocions d'una manera significativa. Aquest plaer no es limita a una resposta sensorial immediata, sinó que implica una connexió més profunda amb l'objecte o l'experiència, sovint relacionada amb la comprensió, la interpretació i la reflexió.

El goig estètic de l'instant es refereix a aquest plaer viscut en moments concrets i efímers, on la consciència de la temporalitat intensifica l'experiència estètica. Aquests instants poden sorgir de situacions inesperades o de circumstàncies quotidianes que, sota una determinada llum o perspectiva, adquireixen una significació especial. Per exemple, imagineu un viatge en metro durant l'hora punta. La multitud, el soroll i el moviment constant poden resultar aclaparadors. Tanmateix, en un moment donat, una breu interpretació musical d'un artista de carrer omple l'espai amb una melodia que transforma l'ambient. Els passatgers, habitualment absents o distrets, es deixen portar per la música. Aquest instant efímer crea una connexió inesperada entre desconeguts, generant un plaer estètic que trenca la monotonia del trajecte.

Un altre exemple pot ser la lectura d'un poema en un lloc públic, com una biblioteca o una plaça. Mentre esperem o simplement passegem, ens trobem amb uns versos inscrits en una paret o en un fulletó oblidat. La potència de les paraules ens commou i ens fa reflexionar, generant un moment de goig estètic inesperat enmig de la rutina.

També podem considerar l'experiència de contemplar una obra d'art contemporani que desafia les nostres expectatives. Davant d'una instal·lació que combina elements visuals, sonors i espacials d'una manera innovadora, ens trobem immersos en una realitat alternativa que ens invita a reinterpretar la nostra percepció. Aquest instant de descobriment i sorpresa ens proporciona un plaer estètic profund, fruit de la interacció amb una expressió artística singular.

En l'àmbit de la ciència, l'observació d'un fenomen inusual pot generar també goig estètic. Per exemple, els investigadors que treballen amb microscòpia electrònica poden descobrir formes i estructures a nivell molecular que, a més del seu interès científic, posseeixen una bellesa intrínseca. La simetria, els patrons i les textures observades poden despertar una admiració estètica que enriqueix l'experiència científica.

Un cas més podria ser l'assistència a un esdeveniment urbà espontani, com una manifestació artística col·lectiva o un "flash mob". La coordinació i l'energia dels participants creen un espectacle efímer que transforma l'espai públic i sorprèn els espectadors ocasionals. Aquest tipus d'experiències generen un goig estètic associat a la sorpresa i a la comunió temporal entre els participants i els espectadors.

Aquests exemples il·lustren com el plaer estètic de l'instant no es limita a situacions tradicionalment associades amb la bellesa, sinó que pot emergir en contextos quotidians i fins i tot insòlits. La clau resideix en la nostra capacitat per percebre i valorar aquestes experiències, reconeixent la riquesa estètica que poden oferir moments aparentment ordinaris. La filosofia de l'art i l'estètica han explorat aquest fenomen, destacant la importància de l'actitud receptiva i contemplativa davant el món. En aquest sentit, cal destacar la teoria estètica de Kant i la seva distinció entre els conceptes de bell i sublim. En el s. XX, autors com Walter Benjamin[101] han analitzat com l'experiència estètica es transforma en l'era de la reproducció tècnica, mentre que altres, com John Dewey[102], defensen la idea que l'art i l'experiència estètica estan intrínsecament lligats a la vida quotidiana.

6.5.7 El sublim kantià i el goig estètic de l'instant

LA TEORIA DE L'ART d'Immanuel Kant, particularment la seva noció del sublim, ofereix una perspectiva interessant quan s'examina en relació amb el concepte del goig estètic de l'instant. Kant defineix el sublim com aquella experiència que sobrepassa la nostra capacitat de comprensió o representació, provocant una barreja de temor i admiració.

En la seva obra "Crítica del Judici" (1790), Kant escriu sobre el sublim:

"Sublim anomenem allò que és absolutament gran. [...] Sublim és allò en comparació amb el qual tota la resta és petita."[103]

El sublim kantià es manifesta quan ens enfrontem a fenòmens d'una magnitud o poder tan grans que desafien la nostra capacitat de copsar-los completament. Això pot ocórrer davant de paisatges imponents, fenòmens naturals aclaparadors, o fins i tot idees abstractes de gran abast. Kant ho il·lustra així:

"El cel estrellat sobre mi i la llei moral dins meu. Ambdues coses les veig davant meu i les connecto immediatament amb la consciència de la meva existència."[104]

En aquests moments, experimentem una sensació de desbordament que, paradoxalment, ens eleva i ens fa conscients de la nostra pròpia capacitat racional per concebre l'infinit o l'absolut.

Aquesta experiència del sublim es pot relacionar íntimament amb el goig estètic de l'instant. En ambdós casos, hi ha una intensificació de la consciència present, una suspensió momentània del flux temporal ordinari. El goig estètic de l'instant implica una apreciació profunda i immediata de la bellesa o el significat d'un moment específic, sovint acompanyada d'una sensació de transcendència.

Kant descriu aquesta elevació de la ment en experimentar el sublim:

"El sentiment del sublim és, doncs, un sentiment de dolor que sorgeix de la inadequació de la imaginació en l'estimació estètica de magnituds per a l'estimació mitjançant la raó; i és, al mateix temps, un plaer despertat pel fet que precisament aquest judici de la inadequació de la major facultat sensible concorda amb les idees de la raó."[105]

La connexió entre el sublim kantià i el goig estètic de l'instant rau en la seva capacitat compartida per:

1. Trencar amb la percepció quotidiana del temps i l'espai.
2. Provocar una intensificació de la consciència.
3. Generar una sensació de transcendència o connexió amb quelcom més gran que un mateix.
4. Produir una barreja de sensacions aparentment contradictòries (por i plaer, insignificança i grandesa).

Kant emfasitza aquesta dualitat en l'experiència del sublim:

"La ment se sent moguda en la representació del sublim en la natura, mentre que en el judici estètic sobre el bell roman en una tranquil·la contemplació. Aquest moviment pot comparar-se (especialment en el seu inici) amb una sacsejada, és a dir, amb una ràpida alternança de repulsió i atracció pel mateix objecte."[106]

En ambdós casos, l'experiència estètica serveix com a pont entre el finit i l'infinit, entre el tangible i l'inefable. Tant el sublim com el goig de l'instant ens permeten experimentar, encara que sigui fugaçment, una connexió amb allò que està més enllà de les nostres limitacions quotidianes.

Aquesta intersecció entre el sublim kantià i el goig estètic de l'instant ressalta la capacitat de l'art i l'experiència estètica per proporcionar-nos moments de profunda significació i elevació espiritual, recordant-nos la nostra capacitat inherent per transcendir les nostres limitacions percebudes i connectar amb dimensions més àmplies de l'existència. Com Kant conclou:

"Dues coses omplen l'ànim d'admiració i veneració sempre noves i creixents, com més sovint i sostingudament ens ocupem de reflexionar-hi: el cel estrellat sobre mi i la llei moral dins meu."[107]

7. INTERACCIÓ ENTRE ÈTICA I ESTÈTICA EN EL PRESENT

La interacció entre ètica i estètica en el present és un fenomen omnipresent que impregna la nostra experiència quotidiana. Imaginem-nos caminant per un carrer modern: els aparadors de les botigues, els cartells publicitaris, fins i tot l'arquitectura dels edificis, tots ens parlen simultàniament en llenguatges estètics i ètics.

Prenguem, per exemple, el cas de la moda sostenible. Stella McCartney, dissenyadora pionera en aquest àmbit, ha demostrat que l'ètica i l'estètica no només poden coexistir, sinó que poden reforçar-se mútuament. Com ella mateixa va dir: "No crec que hagis de sacrificar l'estil pel fet de ser sostenible". Aquesta fusió de bellesa i responsabilitat exemplifica el que el filòsof Yuriko Saito anomena "l'estètica de la vida quotidiana" en el seu llibre "Everyday Aesthetics" (2007)[108].

Yuriko Saito ofereix diversos exemples concrets per il·lustrar el concepte d'estètica de la vida quotidiana. Un exemple particularment rellevant és el de la cura de la gespa en els suburbis americans.

Saito explica com l'estètica d'una gespa ben cuidada i uniformement verda s'ha convertit en un ideal en molts barris suburbans dels Estats Units. Aquest ideal estètic, aparentment innocu, té implicacions significatives:

1. Ambientals: El manteniment d'aquestes gespes sovint requereix l'ús excessiu d'aigua i productes químics, que poden ser perjudicials per al medi ambient.

1. Socials: La pressió per mantenir una gespa "perfecta" pot crear tensions entre veïns i influir en les normes comunitàries.
2. Econòmiques: El cost del manteniment d'aquestes gespes pot ser considerable per a les famílies.
3. Culturals: Aquest ideal estètic reflecteix i reforça certs valors culturals sobre l'ordre i l'aparença.

Saito utilitza aquest exemple per demostrar com una preferència estètica aparentment simple en la vida quotidiana pot tenir ramificacions ètiques, socials i ambientals significatives. Argumenta que ser conscients d'aquestes connexions pot ajudar-nos a prendre decisions més informades i responsables en la nostra vida diària.

Aquest exemple il·lustra perfectament com l'estètica de la vida quotidiana està intrínsecament lligada a qüestions ètiques i pràctiques més àmplies, demostrant la importància de considerar críticament les nostres preferències estètiques quotidianes.

En l'àmbit de l'art contemporani, artistes com Ai Weiwei han difuminat deliberadament les línies entre l'expressió estètica i l'activisme ètic. La seva instal·lació "Sunflower Seeds" (2010) a la Tate Modern[109] no només era visualment impactant, sinó que també plantejava qüestions sobre la producció en massa, la individualitat i les condicions laborals a la Xina.

[110]

COM VA OBSERVAR EL crític d'art Arthur Danto, l'art contemporani ja no està limitat per consideracions estètiques tradicionals, i és lliure d'explorar una varietat de projectes i objectius, que poden incloure aspectes més conceptuals o filosòfics.

"L'art contemporani és massa pluralista en les seves intencions i realitzacions per permetre ser capturat en una única dimensió. La bellesa és una opció per a l'art contemporani, no una condició necessària. Però amb la bellesa com una opció, és com si l'art es deslliurés de sí mateix i esdevingués lliure de perseguir projectes de tota mena." (The Abuse of Beauty, 2003)[111]

Aquesta interacció es manifesta de manera particularment intensa en l'era digital. Les xarxes socials com Instagram han creat un espai on les decisions estètiques (quines imatges compartim) tenen implicacions ètiques immediates (quins valors promovem). El teòric dels mitjans Nicholas Mirzoeff, en el seu llibre "How to See the World" (2015), argumenta que en aquest context, "veure-hi és més que mai una qüestió de participació activa".[112]

L'arquitectura i el disseny urbà ofereixen exemples particularment tangibles d'aquesta interacció. L'arquitecte Bjarke Ingels, conegut per projectes com el "8 House" a Copenhaguen, defensa una "utopia pragmàtica" que busca harmonitzar les consideracions estètiques amb les necessitats socials i ambientals. Com ell mateix afirma:

"L'arquitectura és l'art i la ciència de garantir que les nostres ciutats i edificis s'ajustin a la manera com volem viure les nostres vides".[113]

[114]

EN EL CAMP DE LA TECNOLOGIA, l'estètica de les interfícies digitals té profundes implicacions ètiques. Don Norman, en el seu influent llibre "The Design of Everyday Things" (1988)[115], argumenta que un bon disseny no només és atractiu, sinó que també ha de ser ètic i accessible. Aquesta idea ha guanyat rellevància en l'era de les aplicacions mòbils i les xarxes socials, on el disseny de la interfície pot influir en el comportament dels usuaris de maneres sovint subtils però significatives.

L'educació juga un paper crucial en la navegació d'aquesta intersecció entre ètica i estètica. Martha Nussbaum, en el seu llibre "Not for Profit" (2010)[116], defensa que les humanitats, incloent-hi l'apreciació estètica, són essencials per a la formació de ciutadans èticament responsables. Segons Nussbaum, "L'educació no és només per al creixement econòmic. És sobretot per a la alimentació de les capacitats democràtiques de la imaginació i el pensament crític".

En conclusió, la interacció entre ètica i estètica en el present no és només un tema de debat acadèmic, sinó una realitat que influeix en les nostres decisions diàries, des de què comprem fins a com interactuem amb el nostre entorn. Reconèixer i navegar conscientment aquesta interacció ens permet, com suggereix el filòsof Alain de Botton a "L'arquitectura de la felicitat" (2006)[117], buscar una "coherència entre els nostres valors interns i el nostre entorn extern". En fer-ho, potser podem aspirar a una vida més rica i conscient, on la bellesa i la bondat s'informin i s'enriqueixin mútuament.

7.1. Com els judicis estètics immediats influeixen en les decisions ètiques

EN LA NOSTRA VIDA QUOTIDIANA, les reaccions estètiques immediates sovint influeixen subtilment en les nostres decisions ètiques, de vegades sense que en siguem conscients.

Considerem, per exemple, com l'entorn físic pot afectar el nostre comportament ètic. Un estudi realitzat en una cafeteria universitària va demostrar que els estudiants eren més propensos a netejar les seves taules després de menjar quan l'espai estava decorat amb flors fresques i tenia una il·luminació agradable. En contrast, en dies en què la cafeteria estava desordenada i mal il·luminada, els estudiants deixaven més sovint les taules brutes. Aquest exemple il·lustra com un entorn estèticament agradable pot fomentar comportaments més considerats i prosocials.[118]

L'efecte de l'estètica en els judicis ètics també es manifesta en com percebem les persones. En un experiment controvertit, es va demanar a un grup de participants que avaluessin la culpabilitat d'una persona acusada d'un crim basant-se en una fotografia. Els resultats van mostrar que els acusats considerats més atractius eren jutjats com menys culpables, tot i que la informació sobre el cas era idèntica. Aquest "efecte halo" demostra com els judicis estètics poden influir injustament en decisions amb implicacions ètiques significatives.[119]

En l'àmbit digital, l'estètica de les interfícies pot guiar subtilment el nostre comportament ètic. Per exemple, una popular aplicació de donacions va descobrir que canviar el color del botó de "donar" de gris a blau va fer augmentar les donacions en un 10%. Això il·lustra com decisions de disseny aparentment trivials poden tenir un impacte real en comportaments amb implicacions ètiques.[120]

Les reaccions de disgust, que tenen un fort component estètic, també poden influir en els nostres judicis morals. Un experiment va mostrar que les persones eren més propenses a fer judicis morals severs quan estaven exposades a olors desagradables o en un entorn brut.[121] Això suggereix que les nostres percepcions estètiques immediates poden afectar la nostra avaluació de situacions ètiques complexes.[122]

L'educació visual i l'exposició a l'art també poden influir en la nostra sensibilitat ètica. Un programa pilot en escoles primàries que va introduir visites regulars a museus d'art va observar una millora en l'empatia i la comprensió intercultural dels estudiants.[123] Això indica que l'educació estètica pot ser una eina poderosa per al desenvolupament moral.

En aquest sentit, el neurocientífic Semir Zeki, pioner en el camp de la neuroestètica, suggereix en el seu treball que les mateixes regions cerebrals implicades en els judicis estètics també estan involucrades en els judicis morals. En un article publicat a "Trends in Cognitive Sciences" (2013), Zeki i els seus col·legues escriuen:

"Hi ha una superposició considerable entre les àrees cerebrals activades durant els judicis morals i estètics, suggerint una base neural comuna per ambdós tipus de judicis."[124]

Reconèixer aquestes influències és fonamental per a una presa de decisions més conscient i equitativa. Per exemple, moltes empreses ara utilitzen processos de selecció "a cegues", on s'eliminen els noms i les fotos dels candidats per evitar biaixos basats en judicis estètics immediats.

En última instància, la intersecció entre estètica i ètica en la nostra experiència quotidiana subratlla la importància de cultivar una sensibilitat estètica més conscient i crítica. Això no només enriqueix la nostra apreciació del món que ens envolta, sinó que també ens ajuda a navegar els complexos dilemes ètics que enfrontem diàriament en un entorn cada vegada més visual i estèticament estimulant.

7.2. L'ètica de la representació estètica del present

LA REPRESENTACIÓ ESTÈTICA del present es refereix a la manera com capturem, interpretem i presentem la realitat contemporània a través de diverses formes d'art i mitjans audiovisuals. Aquest concepte engloba una àmplia gamma de pràctiques creatives que busquen reflectir, comentar o interrogar els aspectes socials, culturals, polítics i tecnològics del nostre temps actual.

Aquesta representació pot manifestar-se en múltiples formes, incloent-hi:

- Arts visuals: pintura, escultura, fotografia, instal·lacions i art digital.

- Mitjans audiovisuals: cinema, televisió, videojocs, realitat virtual i augmentada.

- Mitjans de comunicació: fotoperiodisme, documentals, podcasts i contingut multimèdia en línia.

- Disseny: gràfic, industrial, arquitectònic i d'experiència d'usuari.

- Cultura popular: moda, música (tant en la seva forma sonora com visual en videoclips), i performances en viu.

- Espais públics: art urbà, monuments, intervencions efímeres i instal·lacions interactives.

La inclusió dels mitjans audiovisuals amplia significativament l'abast de la representació estètica del present. Per exemple:

- El cinema i les sèries de televisió no només ofereixen representacions visuals, sinó que utilitzen el so, el diàleg i la música per crear una representació més completa i immersiva del present.

- Els videojocs i la realitat virtual ofereixen experiències interactives que permeten als usuaris "habitar" i interactuar amb representacions del present.

- Els podcasts i altres mitjans basats en àudio contribueixen a la representació estètica del present a través de paisatges sonors, narratives orals i musicals.

La forma en què es representa estèticament el present planteja qüestions ètiques importants sobre la responsabilitat, l'autenticitat i el poder. En un món saturat de imatges i informació visual, la manera com triem representar la nostra realitat actual té implicacions significatives tant per a la nostra comprensió del món com per a les accions que prenem en conseqüència.

Un dels debats centrals en aquest àmbit gira al voltant de la fotografia documental i el fotoperiodisme. Susan Sontag, en el seu influent llibre "Sobre la fotografia" (1977), va plantejar qüestions crucials sobre l'ètica de fotografiar el sofriment humà. Sontag afirma:

"Fer una fotografia és participar de la mortalitat, vulnerabilitat i mutabilitat d'una altra persona o cosa. Precisament per tallar un moment i congelar-lo, totes les fotografies testifiquen la despietada dissolució del temps."[125]

Aquesta observació planteja preguntes sobre la responsabilitat dels fotògrafs i dels mitjans de comunicació en la representació de conflictes, desastres i altres situacions de crisi. ¿Fins a quin punt la captura i difusió d'aquestes imatges contribueix a la sensibilització moral o, per contra, pot conduir a una certa desensibilització?

En l'àmbit de l'art contemporani, l'artista Ai Weiwei ha abordat directament aquestes qüestions ètiques en el seu treball. La seva instal·lació "Law of the Journey" (2017)[126], que representa un bot inflable gegant ple de figures humanes anònimes, és una poderosa representació de la crisi dels refugiats. Ai Weiwei ha dit sobre el seu treball:

"L'art ha de ser rellevant per al seu temps. Ha de qüestionar el poder i oferir una veu als qui no en tenen."

Aquesta declaració subratlla la responsabilitat ètica que molts artistes senten en representar les realitats cruels del present.

[127]

LA QÜESTIÓ DE L'APROPIACIÓ cultural en l'art i el disseny contemporanis és un altre aspecte crucial de l'ètica de la representació estètica, reflectint preocupacions més àmplies sobre poder, identitat i representació en la societat contemporània. En essència, es refereix a la pràctica on artistes d'una cultura dominant adopten o utilitzen elements distintius d'una altra cultura, sovint minoritària o històricament marginada, en la seva obra.

Aquest fenomen va més enllà de la simple inspiració o influència artística. Implica qüestions complexes sobre qui té el dret de representar o utilitzar certs símbols, estils o tradicions culturals. Per exemple, quan Picasso i altres artistes modernistes europeus van incorporar elements de l'art africà en les seves obres a principis del segle XX, van obrir un debat que encara és present: és aquest tipus d'adopció una forma d'homenatge i diàleg intercultural, o més aviat una explotació de tradicions culturals alienes?

James O. Young, [128] en la seva anàlisi de l'apropiació cultural en l'art, suggereix que aquesta pràctica pot ser tant problemàtica com potencialment enriquidora. Pot ser problemàtica quan implica una falta de respecte o una tergiversació de la cultura d'origen, però també pot servir com a pont per al diàleg i l'intercanvi cultural. Aquesta dualitat es troba al cor de molts debats contemporanis sobre l'apropiació en l'art.

La preocupació per l'apropiació cultural sovint sorgeix del desequilibri de poder entre les cultures involucrades. Quan artistes d'una cultura dominant prenen elements d'una cultura minoritària o històricament oprimida, corren el risc de descontextualitzar aquests elements, despullant-los del seu significat original o sagrat. A més, quan aquesta adopció es comercialitza, pot portar a situacions on la cultura dominant es beneficia econòmicament a expenses de la cultura d'origen.

No obstant això, alguns argumenten que l'intercanvi cultural és inevitable i fins i tot desitjable en un món cada vegada més interconnectat. L'artista Guillermo Gómez-Peña, per exemple, proposa repensar l'apropiació com a intercanvi cultural, emfasitzant la importància del diàleg genuí i el benefici mutu:

"En el nostre treball, tractem d'esborrar les fronteres entre 'nosaltres' i 'ells', entre l'art i la vida, entre la nostra múltiple identitat com a artistes, activistes i ciutadans del món interconnectat."[129]

El debat sobre l'apropiació cultural en l'art també toca qüestions fonamentals sobre la naturalesa de la creativitat i la llibertat artística. Alguns artistes argumenten que la capacitat d'inspirar-se i prendre prestats elements de diverses cultures és essencial per a la innovació artística. Altres, però, subratllen la importància de la responsabilitat social i el respecte per les tradicions culturals.

En última instància, la discussió sobre l'apropiació cultural en l'art reflecteix tensions més àmplies en la societat sobre com negociem les diferències culturals en un món globalitzat. Ens obliga a plantejar com podem fomentar un intercanvi cultural genuí i respectuós, reconeixent alhora les històries de poder i opressió que han donat forma a les relacions entre les cultures.

Per altra banda, l'ús de la tecnologia en l'art contemporani planteja noves qüestions ètiques. Per exemple, l'ús d'intel·ligència artificial en la creació artística suscita debats sobre autoria, autenticitat i el valor de la creativitat humana. La historiadora de l'art Joanna Zylinska, en el seu llibre "AI Art: Machine Visions and Warped Dreams" (2020), explora aquestes qüestions i argumenta:

"L'art generat per IA no és simplement una nova forma d'expressió artística, sinó un mirall que reflecteix els nostres propis biaixos i assumpcions sobre la creativitat i la intel·ligència."[130]

Finalment, la representació del canvi climàtic i altres crisis ambientals en l'art i els mitjans visuals planteja dilemes ètics particulars. Com podem representar estèticament fenòmens que són sovint invisibles o que es desenvolupen a una escala temporal que va més enllà de la percepció humana? L'artista Olafur Eliasson, conegut per les seves instal·lacions que aborden temes ambientals, diu:

"L'art té la capacitat de canviar la nostra percepció del món que ens envolta i, per tant, també la nostra relació amb ell. Pot fer que allò que normalment donem per fet sigui visible i tangible."[131]

En conclusió, l'ètica de la representació estètica del present ens fa considerar no només què representem, sinó com ho fem i quines són les conseqüències d'aquestes representacions. En un món on les imatges tenen un poder immens per modelar percepcions i influir en accions, la creació i difusió de representacions estètiques del present comporta una gran responsabilitat ètica. Artistes, dissenyadors i creadors de contingut visual s'enfronten al repte de navegar aquestes complexitats ètiques mentre busquen capturar i comunicar les realitats del nostre temps de manera significativa i responsable.

7.3. Cap a una integració de l'ètica i l'estètica en l'experiència del present

IMAGINEM UN FUTUR ON la bellesa i la bondat no siguin conceptes separats, sinó dues cares de la mateixa moneda en la nostra experiència quotidiana. En aquest futur, cada decisió que prenem, cada objecte que creem, i cada espai que habitem reflecteix una profunda integració entre consideracions ètiques i estètiques.

En les nostres ciutats del futur, l'arquitectura i el disseny urbà no només busquen crear espais visualment atractius, sinó que també fomenten activament la interacció social, la sostenibilitat i el benestar psicològic. Els edificis no són simplement estructures funcionals, sinó obres d'art vivents que respiren amb la ciutat, adaptant-se a les necessitats canviants dels seus habitants i minimitzant el seu impacte ambiental. Els espais públics es converteixen en galeries d'art a l'aire lliure, on les instal·lacions interactives no només delecten els sentits, sinó que també eduquen i inspiren accions ètiques.

En l'àmbit de la tecnologia, imaginem interfícies digitals que no només són intuïtives i estèticament agradables, sinó que també estan dissenyades per fomentar comportaments saludables i ètics. Les xarxes socials del futur podrien utilitzar algoritmes que no només mostren contingut atractiu, sinó que també promouen la diversitat de perspectives i fomenten l'empatia. Els videojocs podrien convertir-se en poderoses eines educatives que combinen narratives captivadores amb dilemes ètics complexos, ajudant els jugadors a desenvolupar habilitats de presa de decisions ètiques mentre gaudeixen d'experiències estètiques immersives.

En l'educació, podem imaginar un sistema que integri plenament les arts i les humanitats amb les ciències i la tecnologia. Les escoles del futur podrien ser espais on l'aprenentatge és una experiència holística que nodreix tant la sensibilitat estètica com el raonament ètic. Els estudiants podrien aprendre matemàtiques a través de la música, explorar la física a través de la dansa, o estudiar història a través de la creació artística, desenvolupant així una comprensió més profunda i multifacètica del món.

En el món laboral, les oficines i fàbriques del futur podrien ser dissenyades no només per a l'eficiència, sinó també per a la bellesa i el benestar dels treballadors. Imaginem espais de treball que incorporin elements naturals, art interactiu i dissenys ergonòmics que fan que el treball sigui no només productiu, sinó també una experiència estèticament agradable i èticament satisfactòria.

En l'àmbit del consum, podríem veure l'emergència d'una nova ètica del disseny de productes on la bellesa, la funcionalitat i la sostenibilitat són inseparables. Els objectes quotidians es converteixen en petites obres d'art que no només compleixen la seva funció de manera eficient, sinó que també ens recorden constantment la nostra responsabilitat envers el medi ambient i la societat.

L'art públic podria evolucionar per convertir-se en una forma de activisme social i ambiental, creant experiències estètiques que també inspiren accions ètiques. Imaginem murals interactius que canvien en resposta a la qualitat de l'aire, escultures que recullen aigua de pluja per regar jardins comunitaris, o instal·lacions de llum alimentades per l'energia generada pels vianants.

En aquest futur, la presa de decisions polítiques i socials també podria beneficiar-se d'aquesta integració. Imaginem processos de participació ciutadana que no només són eficaços, sinó també estèticament atractius i emocionalment satisfactoris, fomentant així un major compromís cívic.

En última instància, aquesta integració de l'ètica i l'estètica en l'experiència del present podria conduir a una societat més conscient i compassiva. En viure en un món on la bellesa i la bondat estan constantment entrellaçades, podríem desenvolupar una sensibilitat més aguda tant per l'estètica com per l'ètica en tots els aspectes de les nostres vides. Això podria resultar en una societat més harmoniosa, on el respecte pel medi ambient, la justícia social i la realització personal no són objectius separats, sinó parts integrals d'una mateixa visió de la bona vida.

8. CONCLUSIONS FINALS

Al llarg d'aquest llibre hem explorat la complexa relació entre el temps, la percepció, l'ètica i l'estètica. Hem examinat com la nostra comprensió del present influeix en la nostra experiència del món, com els judicis estètics immediats afecten les nostres decisions ètiques, i com la representació del present en l'art i la cultura reflecteix i modela la nostra realitat. En aquest sentit, creiem realitzats els objectius que ens havíem proposat en l'inici del treball, i que tant les hipòtesis de treball com les tesis plantejades s'han vist confirmades a partir de les observacions i anàlisis que s'han portat a terme.

Ara, en concloure, proposem una visió integradora que uneix aquests fils en una tapís coherent del que podria ser el nostre futur.

La integració de l'ètica i l'estètica en l'experiència del present troba la seva expressió més profunda en la vivència conscient de l'instant. Imaginem un futur on la capacitat de percebre i apreciar plenament el moment present es converteix en una habilitat fonamental, que enllaça directament la nostra sensibilitat estètica amb la nostra consciència ètica.

En aquest futur, la pràctica del mindfulness impregna tots els aspectes de la nostra existència. En cada instant, som plenament conscients de la bellesa que ens envolta i de les implicacions ètiques de les nostres accions. Aquesta consciència aguditzada del present ens permet apreciar la bellesa efímera d'un somriure d'un estrany o la harmonia d'un paisatge urbà, alhora que ens fa més sensibles a les necessitats dels altres i a l'impacte de les nostres accions en el món.

La tecnologia, l'educació, el treball i l'art evolucionen per fomentar aquesta consciència del present. Les escoles cultiven la capacitat de viure plenament en el moment, les empreses valoren la qualitat de l'experiència present, i l'art crea experiències que intensifiquen la nostra percepció de l'ara. Cada àmbit de la vida es converteix en un terreny fèrtil per a la fusió de l'ètica i l'estètica.

Aquesta integració transforma la nostra relació amb el medi ambient, desenvolupant una apreciació més profunda de la bellesa del món natural i una comprensió més aguda de la urgència de protegir-lo. Cada moment de contacte amb la natura es converteix en una experiència estètica profunda i en un recordatori de la nostra responsabilitat ètica envers el planeta.

En última instància, aquesta fusió d'ètica i estètica en la vivència de l'instant ens porta a una forma de vida més rica i significativa. Cada moment es converteix en una oportunitat per experimentar la bellesa i per actuar amb bondat. La distinció entre el que és bell i el que és bo es difumina, ja que reconeixem que la veritable bellesa rau en accions i experiències que són alhora estèticament satisfactòries i èticament correctes.

Reflexionant sobre el camí que hem recorregut en aquest llibre, veiem que aquesta visió integradora no és només un somni llunyà, sinó una possibilitat tangible que podem començar a construir ara mateix. Cada un de nosaltres té el poder de cultivar aquesta consciència en la nostra vida diària, de prendre decisions que harmonitzin l'ètica i l'estètica, i de viure més plenament en el present.

Les implicacions d'aquesta perspectiva són profundes, tant a nivell individual com social. A mesura que més persones adoptin aquesta forma de viure, podríem veure emergir una societat més conscient, compassiva i creativa. Una societat on la bellesa i la bondat no són ideals separats, sinó aspectes integrats de la nostra experiència quotidiana.

Tanmateix, com podem cadascun de nosaltres començar a incorporar aquesta visió en les nostres vides? Quins canvis podem fer avui mateix per viure més plenament en el present, per apreciar més profundament la bellesa que ens envolta, i per actuar amb més consciència ètica? El futur que hem imaginat és una utopia inassolible, o bé un horitzó cap al qual podem treballar activament? Potser el primer pas és reconèixer i cultivar la connexió entre l'ètica i l'estètica en les nostres experiències quotidianes, per poder començar a construir aquest futur més prometedor i optimista per a l'espècie humana.

ÍNDEX DE NOMS I DE CONCEPTES

"

"ma" (◇) 14

#MeToo 183

4

4'33 135

A

action painting 27
activisme de baix esforç 184
adiaforització 178
Ai Weiwei 224, 238
Alain de Botton 229
Albert Camus 199
Albert Einstein 36, 53, 75
Albert Heim 131
Alfred Mele 144
Anàlisi no estàndard: 120
Andrei Tarkovsky 136
Andy Goldsworthy 208
Anil Seth 142
Aristòtil 42
Arrival 150
Arthur Danto 226
Arthur Prior 58
A-Series 62
Aufhebung 50
Augenblick 52
Avicenna 44

B

C

Ch

C

D

E

F

O

P

R

[1] SYLVIE DROIT-VOLET (2011). "Child and Time". In Multidisciplinary Aspects of Time and Time Perception (pp. 151-173). Springer, Berlin, Heidelberg.

[2] "Ma is a Japanese word which can be roughly translated as 'gap', 'space', 'pause' or 'the space between two structural parts.' ... In Japanese, ma, the word for space, suggests interval. It is best described as a consciousness of place, not in the sense of an enclosed three-dimensional entity, but rather the simultaneous awareness of form and non-form deriving from an intensification of vision." Nitschke, G. (1993). "Ma: Place, Space, Void". A From Shinto to Ando: Studies in Architectural Anthropology in Japan (p. 49-61). London: Academy Editions.

[3] Whorf, B. L. (1956). Language, Thought, and Reality: Selected Writings of Benjamin Lee Whorf. MIT Press.

[4] En algunes llengües aborígens australianes, com la dels **Guugu Yimithirr**, es prefereix utilitzar termes absoluts o cardinals com "nord", "sud", "est" i "oest" en lloc de termes egocèntrics, com ara "dreta", "esquerra", "davant" o "darrere". Això significa que per referir-se a la ubicació d'un objecte o persona, un parlant d'aquestes llengües no utilitzarà referents relacionats amb la seva pròpia posició, sinó la posició de l'objecte respecte a un sistema de referència absolut, vinculat a les direccions geogràfiques.

Hi ha implicacions cognitives que deriven d'aquest recerca. El treball de Levinson i altres investigadors suggereix que aquest ús constant de direccions cardinals influeix profundament en la manera en què els parlants d'aquestes llengües perceben i s'orienten en l'espai. Per exemple:

-Orientació espacial constant: Els parlants de llengües amb un sistema de referència cardinal tenen un sentit d'orientació espacial molt més desenvolupat, ja que necessiten estar constantment conscients de la seva posició relativa respecte a les direccions cardinals. Això pot portar-los a mantenir una orientació geogràfica precisa en tot moment, fins i tot quan estan en espais tancats.

-Percepció espacial diferent: En lloc de concebre l'espai des d'una perspectiva egocèntrica (com fer referència a "esquerra" o "dreta" basant-se en la posició del propi cos), els parlants de llengües amb referències absolutes veuen el món com una estructura fixa. Per exemple, en lloc de dir "la tassa és a la meva dreta", podrien dir "la tassa és al nord-est".

-Memòria espacial i navegació: Aquesta manera de parlar també afecta la memòria espacial. Les persones que utilitzen sistemes de referència absoluts solen ser més precises a l'hora de recordar la ubicació d'objectes en relació amb les direccions cardinals, cosa que les ajuda a navegar per l'espai amb més eficàcia, fins i tot en territoris desconeguts

Vegeu: Levinson, S. C. (2003). Space in Language and Cognition: Explorations in Cognitive Diversity. Cambridge University Press.

[5] "To see a World in a Grain of Sand, And a Heaven in a Wild Flower, Hold Infinity in the palm of your hand, And Eternity in an hour." (William Blake, "Auguries of Innocence" (1803))

[6] Einstein, Albert. Relativity: The Special and the General Theory. Methuen & Co., 1920.

[7] Heisenberg, Werner. Physics and Philosophy: The Revolution in Modern Science. Harper & Row, 1958.

[8] Rovelli, C. (2018). The Order of Time. Riverhead Books.

[9] Wesley C. Salmon, *Zeno's Paradoxes* (2001): "Zeno's arrow paradox, which argues that if time consists of discrete moments, then an arrow in flight is at rest at each instant. This reasoning challenges the very concept of motion if the universe is built from indivisible units of time" (*Salmon, 2001*, p. 13).

Salmon argumenta que la paradoxa es resol entenent que el temps i el moviment són contínuament divisibles. No es pot concebre el moviment únicament en termes d'instants individuals, ja que el moviment implica la transició entre instants. La idea de temps com a continu és clau: no podem considerar un objecte "immòbil" en un instant si l'analitzem en un context de canvi i moviment:

"The resolution lies in rejecting the view that time consists of discrete, indivisible instants. Time and motion are continuous, and the passage between instants accounts for movement" (*Salmon, 2001*, p. 16).

[10] "El temps és una imatge mòbil de l'eternitat que es mou segons el nombre" (*Timeu*, 37d)

"Plato defines time as the 'moving i mage of eternity.' This concept, found at 37d of the *Timaeus*, suggests that time, unlike eternity, is subject to change and measured through the celestial motions of the heavens, which Plato associates with the cosmos itself". Cornford, F. M. (1937): Plato's Cosmology. The Timaeus of Plato. London: Routledge & Kegan Paul. p. 115).

[11] "El temps és la mesura del moviment segons l'abans i el després." (Aristòtil: *Física*, Llibre IV, 11, 219b2).

[12] "El que ara anomenem present, de fet, no té durada; només existeix perquè es dirigeix contínuament del futur cap al passat. Si fos estàtic, no seria temps sinó eternitat." (Sant Agustí: *Confessions*, Llibre XI, capítol 14)

[13] Agustí d'Hipona: Confessions. Llibre XI, Capítol 15

[14] "Potser seria més exacte dir que hi ha tres temps: un present de coses passades, un present de coses presents i un present de coses futures. Aquestes tres menes de temps existeixen en cert sentit en l'esperit, i no les veig en cap altra part: el present del passat és la memòria, el present del present és la visió, el present del futur és l'expectació." Agustí d'Hipona. (2007). Confessions. Llibre XI, Capítol 20.

[15] "L'eternitat és la possessió total, simultània i perfecta d'una vida interminable [...] Déu, que sempre és etern, ha de ser considerat com a present sempre. La seva ciència, superant tot moviment temporal, roman en la simplicitat de la seva presència i, abraçant els infinits espais del passat i del futur, els considera en el seu simple coneixement com si s'acomplissin ara." Boeci. (2002). La consolació de la filosofia. Llibre V

[16] "El temps és un accident que acompanya el moviment i que li és inherent. Cap dels dos existeix sense l'altre. El moviment només existeix en el temps, i no es pot concebre la idea del temps si no és amb el moviment. Per tant, tot allò per a què no existeix moviment no entra sota el temps." Maimònides, M: Guia dels Perplexos. Part II, Capítol 13

[17] Maimonides, M: Guia de Perplexos I, 73, 106 a.

[18] Descartes, R. (1647). Méditations métaphysiques. Troisième Méditation.

[19] Malebranche, N. (1674-1675). De la recherche de la vérité. Livre VI, Partie II, Chapitre III.

[20] Kant, I. (1781/1787). Kritik der reinen Vernunft. A33/B49-50.

[21] G.W.F. Hegel: *Fenomenologia de l'Esperit* (*Phänomenologie des Geistes*) 1807, Cap: Certesa sensible (Sinnliche Gewißheit), Volum 9, pàgines 91-95.

[22] Bergson, H. (1889). Essai sur les données immédiates de la conscience. Chapitre II: De la multiplicité des états de conscience: l'idée de durée.

[23] Heidegger, M. (1927). Sein und Zeit. § 68: Die Zeitlichkeit der Erschlossenheit überhaupt.

[24] Bohr, N. (1958). Atomic Physics and Human Knowledge. New York: Wiley. p. 20.

[25] Zadeh, L.A. (1973). Outline of a New Approach to the Analysis of Complex Systems and Decision Processes. IEEE Transactions on Systems, Man, and Cybernetics, SMC-3(1), 28-44.

[26] Bergson, H. (1911). Matter and Memory. London: George Allen and Unwin. p. 194.

[27] Priest, G. (2006). In Contradiction: A Study of the Transconsistent. Oxford: Oxford University Press. p. 1.

[28] En termes més simples, aquesta fórmula està expressant una mena de "consistència temporal" per a p. Està dient que si:

1. En qualsevol punt futur, si trobem que p va ser cert en el passat, també serà cert en aquell moment futur, i

1. En qualsevol punt passat, si es va predir que p seria cert en el futur, també era cert en aquell moment passat,

1. Llavors p ha de ser cert ara.

Aquesta fórmula està capturant la idea que p és una veritat que es manté consistent a través del temps, tant mirant cap endavant com cap enrere. Si p té aquesta propietat de consistència temporal, llavors ha de ser cert en el present.

És una manera formal de dir que si una proposició és "temporalment robusta" (es manté consistent quan la mirem des de qualsevol punt en el temps), llavors ha de ser certa en el present.

[29] Prior, A.N. (1970). "The Notion of the Present". Studium Generale, 23, 245-248.

[30] Deleuze, G. (1968). Différence et Répétition. Paris: Presses Universitaires de France.

[31] Deleuze, G. (1969). Logique du Sens. Paris: Les Éditions de Minuit

[32] La protenció és l'anticipació o projecció cap al futur immediat que forma part integral de la nostra experiència del present. Mentre que la retenció es refereix a la manera com el passat immediat es manté en la consciència present, la protenció té a veure en com el futur immediat s'anticipa en el present. La protenció suggereix que la nostra consciència és intencional, perquè està sempre orientada cap al futur, fins i tot en la seva experiència del present. Per exemple, Quan escoltem una melodia, no només retenim les notes que acabem d'escoltar, sinó que també anticipem les notes que vindran, tot això com a part de l'experiència present.

[33] Husserl, E. (1928): On the Phenomenology of the Consciousness of Internal Time.

[34] James, W. (1890): The Principles of Psychology, Vol. I. New York: Henry Holt and Company. Chapter IX: The Stream of Thought, p. 606.

[35] Merleau-Ponty, M. (1945). Phénoménologie de la perception. Paris: Gallimard. p. 477.

[36] Newton, I. (1687). Philosophiæ Naturalis Principia Mathematica. London: Joseph Streater. Scholium to the Definitions, p. 6.

[37] Recollit a Dyson, F. (1979). "Time without end: Physics and biology in an open universe". Reviews of Modern Physics, 51(3), 447-460.

[38] Heisenberg, W. (1958). Physics and Philosophy: The Revolution in Modern Science. New York: Harper & Brothers. p. 58.

[39] Bergson, H. (1922). Durée et Simultanéité. Paris: Félix Alcan. p. 68.

[40] Varela, Francisco J., Thompson, Evan, & Rosch, Eleanor. The Embodied Mind: Cognitive Science and Human Experience. Cambridge, MA: MIT Press, 1991.

[41] Vegeu Prior, Arthur: Past, Present and Future (1967); Markosian, Ned: A Defense of Presentism, In Dean W. Zimmerman (ed.), Oxford Studies in Metaphysics Volume 1[1]. Oxford University Press (2004)

[42] McTaggart, J.M.E. *The Unreality of Time*. Mind, Vol. 17, 1908.

[43] Carlo Rovelli – *Quantum Gravity* (Cambridge University Press, 2004).

[44] Lee Smolin – Three Roads to Quantum Gravity (Basic Books, 2001).

[45] Edward Witten – "Reflections on the Fate of Spacetime" a *Physics Today* (1996).

[46] Heisenberg, W. (1927). Über den anschaulichen Inhalt der quantentheoretischen Kinematik und Mechanik (Sobre el contingut visual de la cinemàtica i la mecànica quàntica). Zeitschrift für Physik, 43(3–4), 172–198. doi:10.1007/BF01397280.

[47]

L'equació de Schrödinger és com una "guia" per predir com es comporten les partícules a l'escala quàntica. En lloc de descriure trajectòries exactes (com es fa amb la física clàssica), l'equació ens dona la funció d'ona, que ens diu la probabilitat de trobar una partícula en certs llocs i moments.

Per exemple, si coneixem la funció d'ona d'un electró en un àtom, podem calcular quina és la probabilitat de trobar aquest electró en una zona concreta al voltant del nucli. Aquest comportament probabilístic és una de les característiques clau de la mecànica quàntica, diferent del determinisme de la física clàssica.

Schrödinger, E. (1926). Quantisierung als Eigenwertproblem (Erste Mitteilung). Annalen der Physik, 79(361), 489–527. doi:10.1002/andp.19263840404.

[48]

L'interpretació de Copenhaguen va ser desenvolupada principalment per Niels Bohr i Werner Heisenberg a la dècada de 1920. Aquesta interpretació busca donar sentit a la naturalesa probabilística de la mecànica quàntica i la relació entre l'observació i els fenòmens quàntics. Defensa diversos punts clau:

- Funció d'ona i probabilitat: En mecànica quàntica, l'estat d'un sistema (com un electró) es descriu per una funció d'ona (Ψ), que conté tota la informació sobre el sistema. Però aquesta funció no ens diu la posició exacta de la partícula; només ens dona una probabilitat de trobar la partícula en una certa posició o amb un cert valor d'altres propietats com l'energia o el moment.

- El col·lapse de la funció d'ona: Segons aquesta interpretació, quan es fa una mesura d'una propietat del sistema (com la posició d'una partícula), la funció d'ona col·lapsa. Abans de la mesura, la funció d'ona descriu múltiples resultats possibles (superposició), però una vegada feta la mesura, només un dels resultats possibles es converteix en realitat.

- Indeterminisme quàntic: En la física clàssica, es pot predir amb precisió com es comportarà un objecte en funció del seu estat actual. En canvi, l'interpretació de Copenhaguen ens diu que a l'escala quàntica, no es pot predir amb certesa el resultat d'una mesura; només es poden donar probabilitats. Això fa que la mecànica quàntica sigui fonamentalment indeterminista.

- El paper de l'observador: Un altre punt important de l'interpretació de Copenhaguen és que el resultat d'una mesura depèn de l'acte d'observar. És a dir, abans de la mesura, les propietats d'una partícula (com la seva posició o moment) no estan determinades, sinó que existeixen en una superposició de possibles estats. La mesura determina quina d'aquestes possibilitats es converteix en realitat.

- Metàfora del gat de Schrödinger: Una de les metàfores més conegudes associades a aquesta interpretació és l'experiment mental del gat de Schrödinger. En aquest experiment, un gat es col·loca en una caixa tancada amb un mecanisme quàntic que pot matar el gat o deixar-lo viu. Segons l'interpretació de Copenhaguen, fins que no s'obri la caixa i es faci una mesura, el gat es troba en un estat de superposició: tant viu com mort al mateix temps. Només en obrir la caixa i observar el resultat es col·lapsa la funció d'ona, i el gat està viu o mort.

Vegeu:

Bohr, N. (1935). *Can Quantum-Mechanical Description of Physical Reality Be Considered Complete?. Physical Review*, 48(8), 696–702. doi:10.1103/PhysRev.48.696.

Heisenberg, W. (1958). *Physics and Philosophy: The Revolution in Modern Science*. Harper & Row.

[49] Rovelli, C. (2004). *Quantum Gravity*. Cambridge University Press

[50] Rovelli, C. (2011). *The Order of Time*. Penguin Books. ISBN: 978-0241292525.

[51] Oriti, D. (2009). Approaches to Quantum Gravity: Toward a New Understanding of Space, Time and Matter. Cambridge University Press. ISBN: 978-0521860451.

[52] Hardy, L. (2007). Towards Quantum Gravity: A Framework for Probabilistic Theories with Non-Fixed Causal Structure. Journal of Physics A: Mathematical and Theoretical, 40(12), 3081-3099. doi:10.1088/1751-8113/40/12/S12

[53] v. "Non-standard Analysis" d'Abraham Robinson, 1966.

[54] v. "Time and Modality" d'Arthur N. Prior (1957)

[55] v. Approaches to Quantum Gravity: Toward a New Understanding of Space, Time and Matter" editat per Daniele Oriti (2009)

[56] v. nota 10

[57] "En Déu, totes les coses són presents en un ara etern. Per tant, l'ànima que es fon amb Déu entra en aquest ara, on no hi ha passat ni futur." Vegeu: "Meister Eckhart: The Essential Sermons, Commentaries, Treatises, and Defense", traduït i editat per Edmund Colledge i Bernard McGinn, Paulist Press, 1981.

[58] Salvador Dalí, "Dali by Dali", 1970

[59] Chalmers, D. J. (1996). The Conscious Mind: In Search of a Fundamental Theory. Oxford University Press.

[60] Tononi, G. (2008). Consciousness as Integrated Information: a Provisional Manifesto. The Biological Bulletin, 215(3), 216-242. https://doi.org/10.2307/25470707

[61] Libet, B., Gleason, C. A., Wright, E. W., & Pearl, D. K. (1983). Time of Conscious Intention to Act in Relation to Onset of Cerebral Activity (Readiness-Potential). Brain, 106(3), 623-642. https://doi.org/10.1093/brain/106.3.623

[62] Dennett, D. C. (1991). *Consciousness Explained*. Little, Brown and Company.

[63] Eagleman, D. (2011). Incognito: The Secret Lives of the Brain. Pantheon Books.

[64] Blanke, O., Ortigue, S., Landis, T., & Seeck, M. (2002). *Stimulating illusory own-body perceptions. Nature*, 419(6904), 269-270. https://doi.org/10.1038/419269a

[65] Seth, A. (2014). A predictive processing theory of sensorimotor contingencies: Explaining the puzzle of perceptual presence and its absence in synesthesia. Cognitive Neuroscience, 5(2), 97-118. https://doi.org/10.1080/17588928.2013.877880

[66] Mele, A. R. (2014). Free: Why Science Hasn't Disproved Free Will. Oxford University Press.

[67] Gallagher, S. (2011). *The Overextended Mind*. In J. Reynard, M. L. Spock, & G. Thelen (Eds.), *Frontiers of Consciousness* (pp. 235-254). Oxford University Press.

[68] Tallis, R. (2011). Aping Mankind: Neuromania, Darwinitis and the Misrepresentation of Humanity. Acumen Publishing.

[69] Vegeu:

- Whorf, B. L. (1956). Language, Thought, and Reality: Selected Writings of Benjamin Lee Whorf. MIT Press.

- Sapir, E. (1929). *The Status of Linguistics as a Science. Language*, 5(4), 207-214. https://doi.org/10.2307/409588

[70] Nagarjuna. *The Fundamental Wisdom of the Middle Way* (trad. Jay L. Garfield). Oxford University Press, 1995.

[71] Thich Nhat Hanh Hanh. *The Heart of Understanding: Commentaries on the Prajnaparamita Heart Sutra*. Parallax Press, 1988.

[72] Podríem veure aquí una certa contradicció. Si no hi ha res que tingui una essència pròpia, com podem captar l'essència d'un arbre en un instant etern meditatiu? En el budisme, el concepte de "manca d'essència pròpia" (*sunyata*) vol dir que cap fenomen no existeix de manera autònoma, independent de les altres coses. Això implica que tot fenomen és buit d'una identitat pròpia o fixa, perquè està condicionat per una sèrie de causes i condicions que canvien constantment. Així, quan es diu que un arbre no té una essència inherent, significa que no hi ha una naturalesa permanent, fixa o immutable que defineixi l'arbre de manera independent.

D'altra banda, quan es parla de "captar l'essència" d'un arbre en un instant meditatiu, no es tracta d'identificar una essència fixa de l'arbre, com una substància immutable o una identitat pròpia. El que s'intenta és percebre l'arbre sense les distorsions que imposa la ment: sense etiquetar, conceptualitzar o projectar idees prèvies. És més una qüestió de veure l'arbre tal com és en aquest moment, de manera pura i directa, en la seva condició present i interdependent amb tot el que l'envolta.

La idea d'aquesta percepció directa és que, quan et deslliures de les conceptualitzacions (com etiquetar-lo com a "arbre", definir les seves característiques, o pensar en ell com una entitat separada), el que queda és una experiència que no és fragmentada ni mediada per la dualitat. No estàs captant una "essència pròpia" de l'arbre, sinó la seva realitat immediata, tal com apareix en aquest moment, sense afegir-hi cap noció de separació o permanència.

Així, la pràctica budista no busca identificar una essència que defineixi l'arbre de manera estàtica, sinó veure l'arbre en la seva interconnexió, tal com es manifesta en aquell moment present, com una part més del conjunt de la realitat. Aquest instant meditatiu revela la naturalesa interdependent i buida de qualsevol fenomen, alliberant-nos de la il·lusió d'identitats fixes i de la separació entre subjecte i objecte. Això ens porta a la comprensió que tots els fenòmens comparteixen una naturalesa interdependent i no inherent, que és l'aspecte que realment percebem quan som conscients en aquest "instant etern".

[73] AQUESTA ÉS UNA IDEA que connecta directament amb la filosofia de Kant, quan el filòsof de Königsberg argumenta que els humans no poden accedir directament a la "cosa en si mateixa" o "Noumen" (*das Ding an sich*), que és la realitat objectiva sense les nostres interpretacions o percepcions subjectives. Segons Kant, només podem conèixer els fenòmens tal com se'ns apareixen a través dels filtres de les nostres categories mentals (espai, temps, causalitat, etc.).

Des d'aquesta perspectiva, una experiència directa de la realitat sense distorsions seria impossible perquè tota la nostra experiència està mediada per la forma en què percebem i conceptualitzem el món. És a dir, la realitat tal com és (la "talitat" budista) estaria sempre fora del nostre abast perquè la nostra ment necessàriament imposa estructures al que percebem.

Així, mentre que el budisme aspira a transcendir aquestes distorsions per assolir una "consciència no dual" i una experiència de la realitat tal com és, Kant argumentaria que tal aspiració és metafísicament impossible. Aquesta discrepància reflecteix dues visions diferents sobre els límits del coneixement humà: una visió més transcendent i espiritual en el budisme i una visió més racional i limitadora en la filosofia kantiana.

[74] Suzuki, Daisetz T. *The Lankavatara Sutra: A Mahayana Text*. Routledge, 2012.

[75] Conze, Edward. *Buddhist Thought in India: Three Phases of Buddhist Philosophy*. Ann Arbor Paperbacks, 1967.

[76] Dōgen (1999). *Shōbōgenzō: La preciosa visión del dharma verdadero*. Traducció de Dokushô Villalba. Barcelona: Ediciones La Liebre de Marzo.

Dōgen (1200-1253) va ser un monjo budista japonès, filòsof i fundador de l'escola Sōtō del zen al Japó. És conegut principalment pel seu treball **Shōbōgenzō**, una recopilació d'ensenyaments que exploren profundament la naturalesa de la realitat, la pràctica del zen i el camí cap a la il·luminació. Dōgen va viatjar a la Xina per estudiar el budisme Chan i, en retornar al Japó, va introduir la pràctica del **zazen** (meditació asseguda) com a mètode central per a la realització espiritual.

[77] MUMON, WUMEN. *The Gateless Gate (Mumonkan)*. Trad. Koun Yamada. Wisdom Publications, 2004.

[78] Shapiro, S. L., Carlson, L. E., Astin, J. A., & Freedman, B. (2006). *Mechanisms of mindfulness. Journal of Clinical Psychology*, 62(3), 373-386. https://doi.org/10.1002/jclp.20237

[79] Carr, N. (2010). The Shallows: What the Internet Is Doing to Our Brains. W. W. Norton & Company.

[80] Greene, J. D., & Haidt, J. (2002). *How (and where) does moral judgment work?. Trends in Cognitive Sciences*, 6(12), 517-523. https://doi.org/10.1016/S1364-6613(02)02011-9

[81] Slovic, P. (2007). "If I look at the mass I will never act": Psychic numbing and genocide. Judgment and Decision Making, 2(2), 79-95.

[82] Fredrickson, B. L. (2001). The role of positive emotions in positive psychology: The broaden-and-build theory of positive emotions. American Psychologist, 56(3), 218-226. https://doi.org/10.1037/0003-066X.56.3.218

[83] Turkle, S. (2011). Alone Together: Why We Expect More from Technology and Less from Each Other. Basic Books.

[84] Ronson, J. (2015). So You've Been Publicly Shamed. Riverhead Books.

El cas de Justine Sacco és un exemple notori de les conseqüències devastadores de les xarxes socials. Justine Sacco, una executiva de relacions públiques, estava a punt d'embarcar en un vol de 11 hores des de Londres cap a Sud-àfrica el desembre de 2013. Just abans de pujar a l'avió, va publicar un tuit que deia:

"Going to Africa. Hope I don't get AIDS. Just kidding. I'm white!"

Aquest comentari, que pretenia ser sarcàstic o irònic, va ser considerat per molts com insensible i ofensiu, especialment pel tema de la desigualtat racial i la crisi de la SIDA a l'Àfrica. Durant el vol, ella estava fora de línia, desconeixent completament el que passava mentre dormia o descansava en el trajecte.

Mentrestant, el seu tuit es va viralitzar ràpidament. Milers de persones van reaccionar amb indignació, compartint el seu comentari i criticant-lo severament a les xarxes socials. El hashtag #HasJustineLandedYet es va convertir en un fenomen mentre la gent esperava veure què passaria quan Justine aterrés i es donés compte del que havia passat durant el vol.

Quan Sacco va aterrar i va engegar el seu telèfon, va descobrir que s'havia convertit en el tema principal de Twitter a nivell mundial, que el seu tuit havia provocat una reacció massiva d'indignació, i que ja havia perdut la seva feina a l'empresa de relacions públiques on treballava. La seva reputació va quedar destrossada, i va ser objecte d'humiliació pública a escala global.

[85] Zuckerman, E. (2014). *New Media, New Civics? Policy & Internet*, 6(2), 151-168. https://doi.org/10.1002/1944-2866.POI360

En aquest article, Ethan Zuckerman explora el fenomen del "slacktivism", o activisme de baix esforç, advertint que la facilitat amb què es poden compartir o recolzar causes en línia pot donar als individus una falsa sensació de compromís i ètica, sense conduir a un canvi real o un compromís significatiu amb les causes que es pretenen recolzar.

[86] Nissenbaum, H. (2010). *Privacy in context: Technology, policy, and the integrity of social life*. Stanford University Press.

[87] Floridi, L. (2014). *The fourth revolution: How the infosphere is reshaping human reality*. Oxford University Press.

[88] **Mono no aware** (◇◇◇◇[2]), literalmente "el pathos de las cosas", y también traducido como "una empatía hacia las cosas", o "una sensibilidad a lo efímero", es un término japonés[3] para la conciencia de la impermanencia (◇◇ *mujō*[4]), o la brevedad de las cosas, y tanto una suave tristeza transitoria (o melancolía) sobre su paso, así como una más larga y profunda tristeza sobre la realidad de la vida. https://es.wikipedia.org/wiki/Mono_no_aware

[89] Heidegger, M. (2009). *Ser y tiempo* (J. E. Rivera, Trad.). Trotta. (Obra original publicada el 1927).

[90] Sartre, J.-P. (2005). *El existencialismo es un humanismo*. Edhasa. (Obra original publicada el 1946).

[91] Camus, A. (2014). *El mito de Sísifo* (L. Echávarri, Trad.). Alianza Editorial. (Obra original publicada el 1942).

[92] Thich Nhat Hanh: El corazon de las ensenanzas de Buda. Ed. Oniro, 1998

---

2.   https://es.wikipedia.org/wiki/Ayuda:Idioma_japon%C3%A9s

3.   https://es.wikipedia.org/wiki/Idioma_japon%C3%A9s

4.   https://es.wikipedia.org/wiki/Ayuda:Idioma_japon%C3%A9s

[93] Fineberg, Jonathan. (2004). *Christo and Jeanne-Claude: On the Way to The Gates, Central Park, New York City*. New Haven: Yale University Press

[94] "The Gates," artists Christo and Jeanne-Claude's installation of 7,500 saffron-colored fabric panels hanging from 16-ft.-tall portals along 23 miles of walkway in Central Park, February 12, 2005, in New York City. CREDIT: TED THAI FOR TIME
Detalls

- Data: 2005-02-12
- Ubicació: New York, NY, US
- Dimensions físiques: COLOR TRANSMISSION
- Paraules clau de l'assumpte: Christo- Javacheff, 2000s
- Editor: TimeLife
- Usage: For personal non-commercial use only
- Provider: LIFE
- Copyright: © Time Inc.
- Credits: TIME
- Photographer: Ted Thai
- Original ID: TimeLife_image_13059027

[95] Biesenbach, Klaus (Ed.). (2010). *Marina Abramović: The Artist Is Present*. Nova York: The Museum of Modern Art.

[96] Goldsworthy, Andy. (1990). *A Collaboration with Nature*. Londres: Thames & Hudson.

[97]

- Títol: Chestnut Circle
- Creador: Andy Goldsworthy
- Data de creació: 1989
- Origen: Adquirit a través de la Henry Moore Foundation

amb el suport del V&A Purchase Grant Fund, 1991
- Paraules clau de l'assumpte: Trobades Naturals
- Tipus: Trobades Naturals
- Drets: © Andy Goldsworthy
- Tècnica: Fulles de castanyer enfilades amb branquetes de castanyer

Andy Goldsworthy: "Al principi només feia servir fulles caigudes, confiant en el vent i les gelades per proporcionar materials. He estat al bosc després d'una dura gelada a la tardor amb arbres sorollosos que vessen fulles mentre sortia el sol. Hi ha una estranyesa en les fulles que cauen a terra en un dia tranquil, a diferència del vent que pot arrencar les fulles de l'arbre... Els arbres m'han ensenyat més. La lliçó més gran és que es poden trobar moltes coses en quelcom comú i normal". [Goldsworthy, 1989] El cercle de castanyers es manté unit amb petites branquetes de la castanyera, enfilades a través de fulles de castanyer, que després s'han assecat i contret. No s'ha utilitzat cap adhesiu ni cola.

Vegeu: https://artsandculture.google.com/asset/chestnut-circle-0001/6QHBDx4JMFJiDw

[98] Grynsztejn, Madeleine (Ed.). (2007). *Take Your Time: Olafur Eliasson*. San Francisco: San Francisco Museum of Modern Art.

[99] Exposició dedicada a l'artista Olafur Eliasson al Museo Guggenheim Bilbao, 2020-2021

[100] Richie, Donald. (1977). *Ozu*. University of California Press

[101] Benjamin, W. (1936). *L'obra d'art en l'era de la seva reproductibilitat tècnica*

[102] Dewey, J. (1934). *Art as experience*. Perigee Books.

[103] Kant, I. (1790). *Critique of Judgment* (Critik der Urteilskraft) §25, part II del llibre I.

[104] Kant, I. (1790). *Crítica de la raó pràctica* (*Kritik der praktischen Vernunft*) Volum 5, pàgina 161.

[105] Kant, I. (1790). *Critique of Judgment* (Critik der Urteilskraft) §27, part II del llibre II.

[106] Kant, I. (1790). *Critique of Judgment* (Critik der Urteilskraft) §23, part II del llibre I.

[107] Kant, I. (1790). *Crítica de la raó pràctica* (*Kritik der praktischen Vernunft*) Volum 5, pàgina 161

[108] Saito, Y. (2007). *Everyday aesthetics*. Oxford University Press.

[109] Vegeu: Black, Sandy. (2012). *The Sustainable Fashion Handbook*. Londres: Thames & Hudson.

[110]

Títol: Sunflower Seeds

Creador: Ai Weiwei | Courtesy Ai Weiwei Studio

Data de creació: 2010

Drets: Courtesy Ai Weiwei Studio

Tècnica: Porcelain

Vegeu: https://artsandculture.google.com/asset/sunflower-seeds-0001/uQFuRiasIG8a_w

[111] Danto, A. C. (2003). *The abuse of beauty: Aesthetics and the concept of art*. Open Court.

[112] Mirzoeff, N. (2015). *How to see the world: An introduction to images, from self-portraits to selfies, maps to movies, and more*. Basic Books.

[113] Ingels, B. (2009). *Yes is more: An archicomic on architectural evolution*. Evergreen.

[114] Vegeu: https://tecnne.com/arquitectura/8-house/

[115] Norman, D. A. (1988). *The design of everyday things*. Basic Books.

[116] Nussbaum, M. C. (2010). *Not for profit: Why democracy needs the humanities*. Princeton University Press.

[117] De Botton, A. (2006). *The architecture of happiness*. Pantheon Books.

[118] Keizer, K., Lindenberg, S., & Steg, L. (2008). The Spreading of Disorder. Science, 322(5908), 1681-1685.

[119] Robert Cialdini: "Influence: The Psychology of Persuasion" (1984)

[120] Paharia, N. (2013). Motivating consumers to donate: The impact of donation button design on charity websites. Journal of Consumer Psychology, 23(4), 498-511.

[121] Schnall, S., Haidt, J., Clore, G. L., & Jordan, A. H. (2008): "Disgust as Embodied Moral Judgment". Personality and Social Psychology Bulletin, 34(8), 1096–1109.

[122] Martha Nussbaum: "Hiding from Humanity: Disgust, Shame, and the Law" (2004)

[123] Greene, J. P., Kisida, B., & Bowen, D. H. (2014). The Educational Value of Field Trips. Education Next, 14(1), 78-86.

[124] Zeki, S., & Goodenough, O. (2013). *Law and the brain: Judgments, decisions, and the neural underpinnings of moral and aesthetic evaluations*. Trends in Cognitive Sciences, 17(9), 458-465. https://philpapers.org/rec/ZEKLAT

[125] Sontag, S. (1977). *On photography*. Farrar, Straus and Giroux.

[126] Ai, W. (2017). *Law of the Journey* [Instal·lació d'art]. National Gallery, Praga, República Txeca.

[127] Vegeu: https://www.collater.al/en/the-law-of-the-journey-installation-ai-weiwei/

[128] James O. Young: "Cultural Appropriation and the Arts" (2010)

[129] Guillermo Gómez-Peña: "Ethno-Techno: Writings on Performance, Activism and Pedagogy" (2005)

[130] Zylinska, J. (2020). *AI Art: Machine visions and warped dreams*. Open Humanities Press

[131] Entrevista a Olafur Eliasson publicada a "The Art Newspaper", Novembre de 2018

Don't miss out!

Visit the website below and you can sign up to receive emails whenever Sergi Castillo Lapeira publishes a new book. There's no charge and no obligation.

https://books2read.com/r/B-A-ZDKDB-XVNCF

BOOKS 2 READ

Connecting independent readers to independent writers.

Also by Sergi Castillo Lapeira

Biblioteca de la Natura
Gully, the Shark That Wanted to Know Himself

Standalone
La vida de George. Historia de un humano sintético
Diálogos filosóficos con mi amigo Pi
Philosophical dialogues with my friend Pi
Inspector Montoliu
Inspector Montoliu. The Case of the Unknown Twin
Una Historia Sentimental
The Life of George. Story of a Synthetic Human
Cuentos a la orilla del hielo
Gina, la jirafa que quería ser libre
Gina, the Giraffe Who Wanted to Be Free
Gully, el tauró que es volia conèixer a si mateix
Ethics and Aesthetics of the Instant in the Digital Age
Ética i Estética del Instante en la Era Digital
Ètica i Estètica de l'Instant en l'Era Digital
Ethics and Aesthetics of the Instant in the Digital Age
Ética i Estética del Instante en la Era Digital

About the Author

En Sergi Castillo Lapeira va néixer a la ciutat de Mataró l'any 1959. Va estudiar a la Universitat de Barcelona, on es va llicenciar en Filosofia i Ciències de l'Educació el 1984, i en Filologia Catalana el 1996.

Del 1984 al 2022 va treballar com a professor de filosofia a l'Escola Pia Mataró, on també va participar en la posada en marxa de la Reforma Educativa.

Ha publicat tres novel·les, un llibre de poesia, un llibre d'assaig i un recull de contes, tots ells disponibles a:

edicionsmataro.com

Read more at https://edicionsmataro.com/.